中国制造业国际竞争力研究

——生产性服务嵌入与结构软化的视角

于明远 著

中国财经出版传媒集团

经济科学出版社

Economic Science Press

图书在版编目（CIP）数据

中国制造业国际竞争力研究/于明远著. —北京：
经济科学出版社，2019.6
ISBN 978 - 7 - 5218 - 0634 - 2

Ⅰ.①中…　Ⅱ.①于…　Ⅲ.①制造工业 - 国际
竞争力 - 研究 - 中国　Ⅳ.①F426.4

中国版本图书馆 CIP 数据核字（2019）第 121268 号

责任编辑：宋　涛
责任校对：王苗苗
责任印制：李　鹏

中国制造业国际竞争力研究
——生产性服务嵌入与结构软化的视角
于明远　著

经济科学出版社出版、发行　新华书店经销
社址：北京市海淀区阜成路甲 28 号　邮编：100142
总编部电话：010 - 88191217　发行部电话：010 - 88191522
网址：www. esp. com. cn
电子邮件：esp@ esp. com. cn
天猫网店：经济科学出版社旗舰店
网址：http://jjkxcbs. tmall. com
北京季蜂印刷有限公司印装
710 × 1000　16 开　11.75 印张　200000 字
2019 年 6 月第 1 版　2019 年 6 月第 1 次印刷
ISBN 978 - 7 - 5218 - 0634 - 2　定价：41.00 元
（图书出现印装问题，本社负责调换。电话：010 - 88191510）
（版权所有　侵权必究　打击盗版　举报热线：010 - 88191661
QQ：2242791300　营销中心电话：010 - 88191537
电子邮箱：dbts@ esp. com. cn）

前　　言

　　制造业是中国国民经济的基础和支柱，是中国经济现代化的主导力量。改革开放以来，中国制造业取得了巨大的成就，工业总产值在2010年超过美国，成为世界第一制造业大国。但是中国制造业与世界发达国家制造业实力仍存在较大的差距，仍然是大而不强。这主要体现在制造业产品的国际竞争和基于全球价值链的产品分工两个层面。在服务、信息、技术和管理等"软要素"上的严重缺失使得中国制造业在产品的国际竞争和基于全球价值链的分工上均出现了规模和获利能力错配的现象。此外，人口红利的逐渐消失又将在一定程度上削弱中国制造业的成本优势。"软要素"投入的不足和人口红利的逐步消失严重阻碍了国际竞争力的提升，并制约着制造业的生存和发展空间。因此，提升中国制造业的国际竞争力水平已经变得刻不容缓。

　　本书从结构软化的视角分析生产性服务与中国制造业国际竞争力的提升。分析了中国制造业国际竞争力现状，提出静态比较优势理论已与中国制造业国际竞争力提升的客观要求相悖。在此基础上提出了基于结构软化的动态比较优势理论。中国作为发展中大国，其制造业的发展战略思路应当从比较优势向竞争优势转变，中国制造业国际竞争力提升的关键在于获取基于结构软化的动态比较优势。本书运用基于结构软化的动态比较优势理论，从结构软化的视角分析了生产性服务提升中国制造业国际竞争力的作用机理，并进一步具体分析了部分"软要素"在提升中国制造业国际竞争力中的作用；在分析总结制造业结构软化发展趋势及其影响因素的基础上，提出了中国制造业结构软化应当具备的基本特征。在综合考虑制造业结构软化基本特征的基础上构建了制造业结构软化的指标体系，并对制造业结构软化指标体系的运用价值进行了分析；中国是一个大国，行业间和区域间都存在着较大的差异性，本书从行业和地区两个角度分析了生产性服务与结构软化提升中国制造业国际竞争力的行业差异和地区差异。在行业差异分析中，本书从不同产业类型、不同产业成长阶段、不同产业组织结构类型三个维度对比分析了不同种类制造业产业对生产性服务需求的差异；在地区差异分析中，主要分析了东北经济区、长江三角洲经济区、珠江三角洲经济区三个典型经济区生产性服务与结构软化提升制造业国际竞争力模式的差异；在理论和实证分析的基础上，从总体策略、分行业策略和分地区策略三个方面进行了生产性服务与结构软化提升中国制造业国际竞争力的政策设计，为利用生产性服务提升中国制造业国际竞争力提供政策支持。具体研究内容如下：

第一，提出了基于结构软化的动态比较优势理论。本书分析了中国制造业国际竞争力现状及其原因。中国制造业大而不强，现阶段国际竞争力水平仍然较低，主要体现在制造业产品的国际竞争和基于全球价值链的产品分工两个层面；本书分析了传统的比较优势理论与中国制造业国际竞争力进一步提升客观要求之间的冲突和矛盾，提出了基于结构软化的动态比较优势理论。从生产不同产品的相对成本来看，目前中国制造业的相对优势在于劳动密集型产品，发达国家的相对优势则在于资本密集型和技术密集型产品，如果以静态比较优势理论来指导中国制造业的发展，上述结构就会凝固化，中国制造业在国际贸易和分工中将处于不利的被动地位。中国作为发展中的大国，制造业的发展战略思路应当从比较优势向竞争优势转变，中国制造业国际竞争力提升的关键在于获取基于结构软化的动态比较优势，这种优势是通过不断增加生产性服务对制造业的中间投入产生的；本书运用基于结构软化的动态比较优势理论，从结构软化的视角分析了生产性服务提升中国制造业国际竞争力的作用机理，并具体分析了"软要素"如何提升中国制造业国际竞争力，对技术创新和管理创新提升中国制造业国际竞争力的作用机制进行了分析。

第二，构建了制造业结构软化的指标体系。在分析制造业结构软化趋势及其影响因素的基础上提出了中国制造业结构软化应当具备的基本特征。综合考虑制造业结构软化基本特征的基础上构建了制造业结构软化的指标体系。该指标体系包含两级指标，其中 4 个一级指标、17 个二级指标。指标体系的设计具有科学的理论依据，运用该指标体系能够在一定程度上推进不同制造业行业与不同地区制造业结构软化的进程。各项指标具有较强的可操作性，指标易于计算，能够将不同制造业行业结构软化程度量化，从而有利于客观地反映不同制造业行业结构软化状况，有利于对不同制造业行业结构软化程度进行静态与动态、横向与纵向的评价,有利于对不同制造业行业结构软化的趋势进行预测,有助于相关部门了解不同制造业行业结构软化的状况,从而制定各种相关政策。构建合理的指标体系也有利于运用各种数据测算方法对不同地区制造业结构软化的状况和发展趋势进行预测,从而在一定程度上把握不同地区制造业结构软化的走向,有助于相关部门制定各种推动地区制造业结构软化进程的政策,有利于通过考核激励各地区不断加强自身的薄弱环节,推进制造业结构软化进程。

第三,生产性服务与结构软化对制造业国际竞争力影响的行业差异分析。从不同的维度分析了制造业结构软化的行业差异。按照产业类型的不同考察了劳动密集型产业、资本密集型产业和技术密集型产业,按照产业成长阶段的不同考察了成长期产业和成熟期产业,按照产业组织结构类型的不同考察了垄断性产业和竞争性产业等。在此基础上分析了不同制造业行业对于生产性服务的需求差别,从而揭示了制造业结构软化的行业路径差异。文章在各种差异理论分析的基础上提出了相应的研究假设。本章的实证分析部分,包括计量模型的构建与模型检验、实证结果分析等。

第四,生产性服务与结构软化对制造业国际竞争力影响的区域差异分析。分析了东北经济区、长江三角洲经济区、珠江三角洲经济区三个典型经济区。一方面,从不同地区对生产性服务业的扶持力度、制造业与生产性服务业互动程度、生产性服务业集聚水平、人才支撑力度、市场化程度、对外开放程度等方面分析了不同区域内生产性服务业发展水平及其所导致的地区生产性服务供给水平差异;另一方面,从不同地区制造业出口结构及国际竞争力状况的角度分析了不同地区的优势、劣势及需重点发展的制造业行业的差异。在此基础上揭示了制造业结构软化的地区模式差异。本书的实证分析部分,包括计量模型的建立与模型检验、各地区生产性服务提升制造业国际竞争力模式的实证结果与分析。

第五,在理论与实证分析的基础上提出生产性服务与结构软化提升中国制造业国际竞争力的政策设计,包括提升制造业国际竞争力的总体策略分析,提升不同制造业行业国际竞争力的差异性策略分析,提升不同地区制造业国际竞争力的差异性策略分析三个部分,为中国利用生产性服务提升制造业结构软化度从而增强其国际竞争力的相关政策制定提供一定的理论支持。

目　　录

第1章　导论　………………………………………………………… 1

1.1　研究背景与意义　………………………………………… 1

1.2　相关概念界定　…………………………………………… 5

1.3　研究思路、框架与主要内容　…………………………… 8

1.4　研究方法　………………………………………………… 12

1.5　本书主要创新点　………………………………………… 14

第2章　文献综述　…………………………………………………… 16

2.1　生产性服务业文献综述　………………………………… 16

2.2　产业结构软化文献综述　………………………………… 19

2.3　产业国际竞争力文献综述　……………………………… 21

2.4　生产性服务业与制造业关系文献综述　………………… 24

2.5　对已有文献的总结与评述　……………………………… 25

第3章　基于结构软化的动态比较优势与中国制造业国际竞争力　…… 27

3.1　中国制造业国际竞争力现状分析　……………………… 27

3.2　基于结构软化的动态比较优势　………………………… 42

3.3　结构软化视角下生产性服务提升制造业国际竞争力的
　　 作用机理　…………………………………………………… 46

3.4　"软要素"提升中国制造业国际竞争力的具体分析　…… 52

3.5　生产性服务的嵌入方式　………………………………… 66

3.6　本章小结　………………………………………………… 68

第 4 章　制造业结构软化的趋势与指标体系 ················ 70

4.1　制造业结构软化的趋势 ···················· 70

4.2　制造业结构软化的指标体系 ················· 75

4.3　制造业结构软化指标体系的运用价值 ········· 82

4.4　本章小结 ·························· 84

第 5 章　生产性服务与结构软化对制造业国际竞争力影响的
**　　　　行业差异分析** ························ 86

5.1　理论分析与研究假设 ···················· 86

5.2　行业选取、指标测定与数据来源 ············· 94

5.3　计量模型、实证结果与分析 ················· 97

5.4　本章小结 ·························· 108

第 6 章　生产性服务与结构软化对制造业国际竞争力影响的
**　　　　区域差异分析** ······················ 110

6.1　理论分析 ························· 110

6.2　行业地区选取、指标测定与数据来源 ········· 129

6.3　计量模型设计 ······················ 131

6.4　实证结果与分析 ···················· 133

6.5　本章小结 ························· 140

第 7 章　提升中国制造业国际竞争力的政策设计 ········· 142

7.1　提升制造业国际竞争力的总体策略 ········· 142

7.2　提升不同制造业行业国际竞争力的策略 ······· 146

7.3　提升不同地区制造业国际竞争力的策略 ······· 150

7.4　本章小结 ························· 157

第 8 章　结论与研究展望 ···················· 159

8.1　主要研究结论 ······················ 159

8.2　研究不足与展望 ···················· 165

参考文献 ····························· 167

第 1 章

导　　论

1.1　研究背景与意义

1.1.1　研究背景

制造业是中国国民经济的基础和支柱，在国民经济中占有较大比重，是其他一切类型行业发展的基本载体和依据，其发展直接影响到各经济部门的发展。同时，制造业是中国经济现代化的主导力量，是中国经济增长和结构转型的关键。制造业的发展是实现中国经济快速、稳定、健康发展，人民生活水平提高，国家稳定和安全的重要保障。因此，制造业国际竞争力的强弱在很大程度上决定着中国经济整体国际竞争力的高低。

在过去的四十年中，中国制造业发展迅猛，在国际分工体系中占有重要地位。不仅体系较为完备，且具有相当的规模。中国制造业总产值在2010 年占全球比重的 19.8%，位居全球第一，成为名副其实的"世界制造工厂"。但是，中国制造业与世界发达国家制造业实力仍存在较大的差距，仍然是大而不强，包括技术创新能力薄弱、缺乏国际知名品牌、企业规模普遍偏小、结构不尽合理等，使得中国制造业整体国际竞争力水平仍然较低，这主要体现在制造业产品的国际竞争和基于全球价值链（Global Value Chain，GVC）的产品分工两个层面。

制造业产品的国际竞争可分为国际市场竞争和国内市场竞争。首先，在当前的制造业产品国际市场竞争中，美国、日本、德国等制造业发达国家凭借技术、资金、人才、管理等优势生产并出口了绝大部分高附加值产品，获取了大部分的贸易利益份额，成为制造业产品国际贸易中的最大受益者。而中国作为发展中国家之一，在技术、人才、管理等高级生产要素方面相对匮乏，仅在劳动力、自然资源上占有优势，导致中国出口的制造业产品大多为劳动密集型或资源密集型产品，产品附加值较低，获取的贸易利益较少，且劳动密集型产品的需求收入弹性较低，在国际市场上的潜在容量不大。由此出现了中国制造业产品贸易规模和获利能力错配的现象。这种局面长期维持下去将使中国在制造业产品国际市场竞争中处于被动的不利地位，不利于国际竞争力的进一步提升。其次，受到国内市场饱和、劳动力成本上升、生产用地紧张、国家相关政策调整等因素的影响，发达国家选择将部分制造业行业转移到中国。中国出于利用外资促进本国制造业增长、改善制造业产品出口结构、缓解就业压力等目的，会选择开放相关市场。外资的流入对我国制造业的冲击主要体现在市场占领和资本控制两个方面。第一，外资制造业企业往往凭借资本和生产经营上的优势逐步扩大在中国的市场份额和市场占有率，很多自主品牌因此而消失，这一现象在通讯设备、计算机及其他电子设备制造业尤为明显。第二，很多外资企业通过并购等手段取得对中国制造业企业的绝对控制，这种现象主要体现在机械制造、纺织业、交通运输设备制造业等行业。外资对国内市场的冲击严重阻碍了中国制造业结构的优化升级和国际竞争力水平的提升。

随着贸易自由化的深入发展以及通讯和运输成本的进一步降低，生产过程的国际分工进一步深化，各国制造业参与国际分工的形态从专业化生产特定产品转变为专业化从事产品生产流程的特定环节，因而包括研发、设计、关键零部件制造、加工组装、物流、营销、品牌和售后服务等各种增值环节在内的 GVC 分工体系得以形成。发达国家凭借技术、服务等方面的优势形成了较强的自主研发和设计能力、市场控制能力、品牌建设等能力，牢牢占据着 GVC 的高端环节和战略资源，从而获取了较多的分工利益。中国凭借廉价而又丰裕的低技术水平劳动力，专业化于 GVC 中组装加工等劳动密集型生产环节。在承接发达国家业务外包的过程中，中国制造业生产和出口规模迅速扩大，制造能力不断提升，成为世界制造生产基地。然而加工组装环节具有竞争性质，可替代性较强，且中国对战略环节和资源的控制力远远不够，缺乏谈判的"话语权"，容易受到上游跨国公司和下游国际大买商的压榨，获取的加工费极为有限，处于"微利化"

的境地。此外，中国制造业企业完成工艺流程升级和产品升级后，在进一步进行功能升级或链条升级时，会受到发达国家的阻击和控制，他们会采取各种措施将中国制造业企业牢牢锁定在低端环节。这种被动参与GVC分工的方式使中国制造业陷入低端分工锁定和贫困式增长陷阱，严重制约了中国制造业技术创新能力和品牌建设能力的提升，不利于国际竞争力的进一步提升。

在服务、信息、技术和管理等"软要素"上的严重缺失使得中国制造业在产品的国际竞争和基于GVC的分工上均出现了规模和获利能力错配的现象，从而陷入了十分被动的地位。此外，中国的人口抚养比开始上升，这意味着中国的人口红利开始逐渐消失，中国制造业的廉价劳动力优势会逐步丧失，这将在一定程度上削弱国际竞争力。软要素投入的不足和廉价劳动力优势的逐步消失必将导致中国制造业企业获利能力的不足，这将严重阻碍国际竞争力的进一步提升并制约着制造业的生存和发展空间，不利于中国经济的长期稳定增长。因此，提升中国制造业的国际竞争力水平已经变得刻不容缓。

1.1.2 研究意义

1. 理论意义

从已有的文献来看，对生产性服务业与制造业关系的研究多数集中在生产性服务业与制造业的互动、生产性服务业与制造业的产业融合等，只有部分研究涉及生产性服务业与制造业国际竞争力的提升问题。然而这些研究生产性服务业与制造业国际竞争力关系的文献只是较为笼统地分析了生产性服务业与制造业国际竞争力提升的关系，并没有从特定的视角切入并多角度多层次地分析生产性服务业如何提升制造业国际竞争力。

本书尝试从结构软化的视角入手，多角度、多层次地分析生产性服务如何提升中国制造业国际竞争力，为摆脱传统国际贸易理论束缚，重新定位制造业的发展战略，利用生产性服务提升制造业国际竞争力提供了一定的理论支持。中国制造业充分利用比较优势而采用粗放式的经济增长模式带来较多负面影响，且人口红利、资源红利、市场化改革红利、对外开放红利正在逐渐消失。本书认为，静态比较优势理论已与中国制造业国际竞争力提升的客观要求相悖。中国作为发展中的大国，其制造业的发展战略思路应从比较优势向竞争优势转变。在此基础上，提出了基于结构软化的动态比较优势理论，认为中国制造业国际竞争力提升的关键在于获取基于结构软化的动态比较优势。本书从结构软化的视角分析了生产性服务提升中国制造业国际竞争力的作用机理：生产性服务对制造业中间投入的增加使制造业产业结构软化度不断上升，从而能够降低制造业成本、提高制造业技术创新和服务能力、形成规模经济、提升产业集聚度，提高中国制造业国际竞争力水平。在此基础上，本书进一步从行业和地区两个角度分析了生产性服务与结构软化提升中国制造业国际竞争力的行业差异和地区差异。在生产性服务与结构软化提升中国制造业国际竞争力的行业差异分析中，从不同制造业行业对生产性服务类型需求差异的角度入手，对比分析了不同产业类型、不同产业成长阶段、不同产业组织结构类型三个维度下不同制造业产业对生产性服务类型需求的差异；在分析生产性服务与结构软化提升中国制造业国际竞争力的地区差异时，分析了东北经济区、长江三角洲经济区、珠江三角洲经济区生产性服务业的发育程度差异及制造业出口结构和国际竞争力的差异，在此基础上分析了不同地区生产性服务与结构软化提升制造业国际竞争力模式的差异。

2. 现实意义

国际金融危机后，美国、德国、法国等国家重新认识了制造业的重要性，纷纷采取措施使本国制造业在今后的国际竞争中继续保持领先地位，努力推进国际贸易和分工新格局的形成。为迎接新一轮国际制造业大发展，更好地参与国际贸易和分工，国务院正式印发了《中国制造2025》，实施制造强国战略，培育基于多要素的中国制造业国际竞争新优势，将全面提升工业基础能力，加快发展新型制造业，促进制造业的数字化、智能化、服务化、绿色化升级，推动中国从世界制造大国向世界制造强国转变。

通过增加现代生产性服务对中国制造业的中间投入，使制造业产业结构不断优化升级，向"软化"趋势调整，从而获得成本优势、技术创新优势、服务优势、规模经济优势和产业集聚优势。这些优势能够使中国制造业逐渐改变对自然资源、廉价劳动力等低级生产要素的依赖，不断提高产品附加值，在国际贸易中获取更多贸易份额，同时使中国制造业不断从GVC低端加工装配环节向研发设计、品牌等高端环节攀升，获取更多分工所得。贸易份额和分工所得的增加将会改善中国制造业在国际贸易和分工中的地位，从而使中国制造业国际竞争力水平得到提升。此外，生产性服务与结构软化提升中国制造业国际竞争力的行业差异分析有助于针对不同种类的制造业投入相应类型的生产性服务，从而优化生产性服务资源配置，使不同种类制造业国际竞争力分别得到最大程度的提升；生产性服务与结构软化提升中国制造业国际竞争力的区域差异分析有助于了解中国不同地区生产性服务业的发育程度、制造业出口结构及国际竞争力状况，从而在此基础上制定出各地区最优的生产性服务提升制造业国际竞争力模式，从而优化地区生产性服务资源的配置，最大程度提升当地制造业国际竞争力。

1.2 相关概念界定

1.2.1 生产性服务与生产性服务业

1. 生产性服务与生产性服务业内涵的界定

生产性服务是指市场化的，出现在生产各个阶段，作为其他产品或服务生产的中间投入并具有知识、技术密集特点的非最终消费服务；生产性服务业是指提供生产性服务的行业或部门，包括服务提供者、服务功能和服务对象三个要素，其内涵为：在国民经济三次产业范围内通过市场化模式向产品或服务生产者提供中间服务，具有知识密集、技术密集和专业化程度高等特点的服务部门和行业。

2. 生产性服务业外延的界定

生产性服务业外延的合理界定对理论分析和实证研究具有重要的意义。生产性服务业外延的界定不能依靠主观判断，而是应该建立在客观的标准上。本书采用李冠霖①（2002）的中间需求率法。该方法运用投入产出表对生产性服务业的外延进行界定，中间需求率在50%以上的服务业被

---

① 李冠霖：《第三产业投入产出分析——从投入产出角度看第三产业的产业关联与产业波及特征》，中国物价出版社2002年版。

认为是生产性服务业，中间需求率不足 50% 的服务业被认为是消费性服务业。

在本书第 5 章生产性服务与结构软化提升制造业国际竞争力行业差异分析中，利用 2001～2014 年世界投入产出数据表对生产性服务业的外延进行界定。批发零售业、住宿餐饮业、交通运输业、金融业、租赁与商务服务业、教育业等行业历年平均中间需求率大于 50%。住宿餐饮业不符合生产性服务业的内涵，不被视为生产性服务业。因而将批发零售业、交通运输业、金融业、租赁与商务服务业、教育业界定为生产性服务业，其中教育业可作为科学研究服务业的替代行业，如表 1-1 所示。

表 1-1　　世界投入产出表 2001～2014 年服务业历年平均中间需求率　　单位：%

行业名称	历年平均中间需求率
批发和零售业	66.72
住宿餐饮业	59.13
交通运输业	83.20
金融业	79.63
房地产业	27.65
租赁与商务服务业	75.51
公共管理和社会保障业	0.80
教育业	50.10
卫生及社会福利业	10.43
居民服务与其他服务业	49.21
私人雇佣的家庭服务业	7.25

资料来源：根据 2001～2014 年《世界投入产出表》数据整理计算而得。

在本书第 6 章生产性服务与结构软化提升制造业国际竞争力区域差异分析中，考虑到中国投入产出表中行业分类经常发生变化，最近三个年度，即 2002 年、2007 年、2012 年的投入产出表中行业分类较为统一，因而选取 2002 年、2007 年、2012 年中国投入产出表对生产性服务业的外延进行界定。批发和零售业、住宿和餐饮业、交通运输、邮政和仓储业、信息传输、计算机服务与软件业、金融业、租赁和商务服务业、科学研究和综合技术服务业等行业中间需求率大于 50%，住宿餐饮业不符合生产性服务业的内涵，因而不被视为生产性服务业。因而将批发和零售业、交通运输、邮政和仓储业、信息传输、计算机服务与软件业、金融业、租赁和商务服务业、科学研究和综合技术服务业界定为生产性服务业，如表1－2所示。

表1－2　中国投入产出表2002年、2007年、2012年各服务业
行业平均中间需求率
单位：%

行业名称	中间需求率
批发和零售业	58.22
交通运输、邮政和仓储业	77.48
住宿和餐饮业	61.75
信息传输、计算机服务与软件业	56.94
金融业	74.55
房地产业	21.99
租赁和商务服务业	273.27
科学研究和综合技术服务业	62.33
水利、环境和公共设施管理	37.72
居民服务、修理和其他服务业	47.07
教育业	36.18
卫生和社会工作业	26.96
文化、体育和娱乐业	31.98
公共管理、社会保障和社会组织业	2.77

资料来源：根据2002年、2007年、2012年《中国投入产出表》数据整理计算而得。

1.2.2　产业结构软化

产业结构软化的一般含义为：在产业发展过程中，体力劳动、物质资源和各种有形要素的投入相对减少且贡献率逐渐下降，而脑力劳动、科学技术知识等无形要素的投入相对增加且贡献率逐渐上升[1]。

笔者认为，产业结构软化有两层含义：第一层含义是指在经济发展过

---

① 李健骆：《论产业结构软化》，载《北京理工大学学报》1999年第4期，第478～481页。

程中，软产业份额不断增加，"经济服务化"趋势不断加强，该层面的产业结构软化称为"外延式软化"或"前向软化"；第二层含义是指在"硬"产业中，其软的部分也在不断扩大，即在产业内部，从事生产环节的劳动比重逐渐减小，而进行研发设计、管理、营销和品牌等环节的劳动比重逐渐上升，"软要素"在价值增值中的贡献度提升。这一层面的产业结构软化称为"内涵式软化"或"后向软化"。本书重点对第二个层次产业结构软化内容进行了深入的研究。

1.2.3 制造业国际竞争力

制造业国际竞争力是各国制造业在国际市场上的实力较量，需从竞争过程和竞争结果两个方面加以把握：从竞争过程看，制造业国际竞争力的大小取决于制造业生产效率、销售能力和服务能力；从竞争结果看，制造业国际竞争力强，表现为制造业产品在国际市场具有较高的占有率，能够获得较高的利润。因此，本书将制造业国际竞争力的内涵定义为一国制造产业在国际市场上所表现出来的比较生产力、比较服务能力、比较销售能力和比较盈利能力。

1.3 研究思路、框架与主要内容

1.3.1 研究思路

本书旨在从结构软化的视角分析生产性服务与中国制造业国际竞争力的提升。首先，对中国制造业国际竞争力现状进行了分析。中国制造业大而不强，现阶段国际竞争力水平仍然较低，主要体现在制造业产品的国际竞争和基于全球价值链的产品分工两个层面。笔者认为，静态比较优势理论已与中国制造业国际竞争力提升的客观要求相悖，在此基础上提出了基于结构软化的动态比较优势理论。中国作为发展中的大国，其制造业的发展战略思路应从比较优势向竞争优势转变，认为中国制造业国际竞争力提升的关键在于获取基于结构软化的动态比较优势，这种优势是通过不断增加生产性服务对制造业的中间投入产生的。运用基于结构软化的动态比较优势理论，从结构软化视角下分析了生产性服务提升中国制造业国际竞争力的作用机理，并具体分析了"软要素"如何提升中国制造业国际竞争力。其次，在分析总结制造业结构软化发展趋势及其影响因素的基础上，提出了中国制造业结构软化的基本特征。综合考虑制造业结构软化基本特征的基础上构建了制造业结构软化的指标体系，并对制造业结构软化指标体系的运用价值进行了分析。再次，本书进一步从行业和地区两个角度分析了生产性服务与结构软化提升中国制造业国际竞争力的行业和地区差异。在行业差异分析中，本书对比分析了不同产业类型、不同产业成长阶段、不同产业组织结构类型三个层次下不同种类制造业产业对生产性服务类型需求的差异；在地区差异分析中，主要分析了东北经济区、长江三角洲经济区、珠江三角洲经济区三个典型经济区生产性服务与结构软化提升制造业国际竞争力模式的差异。最后，对研究成果进行总结归纳，从总体策略、分行业策略、分地区策略三个方面进行了生产性服务与结构软化提升中国制造业国际竞争力的政策设计，为利用生产性服务提升中国制造业国际竞争力提供政策支持。

1.3.2　研究框架

本书的研究框架如图 1-1 所示。

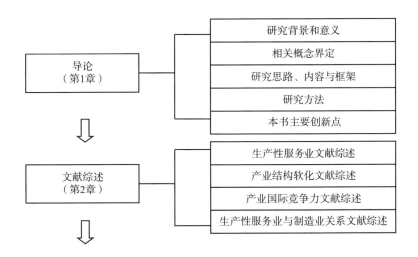

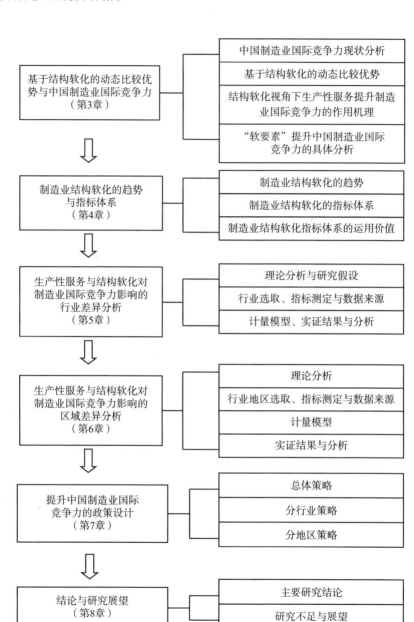

图1-1 研究框架

1.3.3　研究主要内容

本书研究内容共分为8章,具体内容如下:

第1章(导论),主要介绍了本书的研究背景和意义、相关概念界定、研究的思路、框架和主要内容、研究方法及本书的主要创新点。

第2章(文献综述),主要综述了生产性服务业相关文献,包括生产性服务业影响因素、生产性服务业与经济增长等相关文献综述;产业结构软化相关文献,包括产业结构软化动力机制、产业结构软化的影响、产业结构软化的发展策略等相关文献综述;产业国际竞争力相关文献,包括产业国际竞争力内涵、产业国际竞争力影响因素分析等相关文献综述;生产性服务业与制造业国际竞争力关系相关文献,包括生产性服务业与制造业互动发展、生产性服务业对制造业竞争力的促进作用等相关文献综述。

第3章(基于结构软化的动态比较优势与中国制造业国际竞争力)。第一,分析了中国制造业国际竞争力现状。中国制造业大而不强,现阶段国际竞争力水平仍然较低,主要体现在制造业产品的国际竞争和基于全球价值链的产品分工两个层面。第二,提出静态比较优势理论已与中国制造业国际竞争力提升的客观要求相悖,在此基础上提出基于结构软化的动态比较优势理论。中国作为发展中的大国,其制造业的发展战略思路应从比较优势向竞争优势转变,认为中国制造业国际竞争力提升的关键在于获取基于结构软化的动态比较优势,这种优势是通过不断增加生产性服务对制造业的中间投入产生的。第三,运用基于结构软化的动态比较优势理论,从结构软化视角下分析了生产性服务提升中国制造业国际竞争力的作用机理:通过增加现代生产性服务对制造业的中间投入使制造业产业结构不断向"软化"趋势调整,从而获取基于结构软化的动态比较优势,包括成本优势、技术创新优势、服务优势、规模经济优势、产业集聚优势等,提高中国制造业国际竞争力水平。第四,具体分析了"软要素"如何提升中国制造业国际竞争力,对技术创新和管理创新提升中国制造业国际竞争力的作用机制进行了分析。

第4章(制造业结构软化的趋势与指标体系),共分为三个部分。第一,分析了制造业结构软化的趋势,包括制造业结构软化的基本趋势及模式差异和制造业结构软化发展趋势的影响因素两个部分。第二,在综合考虑制造业结构软化基本特征的基础上构建了制造业结构软化的指标体系。

该指标体系包含两层指标，其中一级指标 4 个，二级指标 17 个。第三，对构建的制造业结构软化指标体系的运用价值进行了分析，包括在行业分析中的运用价值与在地区分析中的运用价值两个部分。

第 5 章（生产性服务与结构软化对制造业国际竞争力影响的行业差异分析），提出本章的理论分析与研究假设，包括生产性服务与结构软化提升制造业国际竞争力的产业类型差异分析、产业成长阶段差异分析、产业组织结构类型差异分析，并在每种差异分析的基础上提出相应的研究假设。实证分析前的行业选取、指标测定与数据来源说明。实证分析部分包括计量模型的建立与检验、实证结果分析等。

第 6 章（生产性服务与结构软化对制造业国际竞争力影响的区域差异分析），分析了东北经济区、长江三角洲经济区、珠江三角洲经济区三个典型经济区生产性服务业发育程度、制造业产品出口结构与国际竞争力状况，在此基础上进行了生产性服务提升制造业国际竞争力模式的地区差异分析。实证分析前的行业地区选取、指标测定与数据来源说明。进行了计量模型的设计与检验，并对各地区生产性服务提升制造业国际竞争力的模式进行了实证分析与检验。

第 7 章（提升中国制造业国际竞争力的政策设计），在本书理论和实证分析的基础上，提出提升制造业国际竞争力的政策设计，包括总体策略分析，不同制造业行业的策略分析，不同地区制造业的策略分析三个部分，为中国利用生产性服务提升制造业国际竞争力的相关政策制定提供一定的理论支持。

第 8 章（结论与研究展望），对本书的理论与实证分析进行总结，得出本书主要研究结论；分析本书研究的不足之处并给出进一步研究的方向。

1.4 研究方法

1.4.1 理论分析与实证检验相结合

本书第 3 章对技术创新提升制造业国际竞争力的作用机理进行了理论分析；本书第 5 章从理论上分析了生产性服务与结构软化提升制造业国际

竞争力的产业类型差异、产业成长阶段差异、产业组织结构类型差异，在每种差异分析的基础上提出相应的研究假设；第 6 章在每个地区生产性服务业发育程度、制造业产品出口结构与国际竞争力状况的基础上理论分析了不同地区生产性服务与结构软化提升制造业国际竞争力的模式。

本书第 3 章将制造业分为制造业整体、劳动密集型行业、资本密集型行业、技术密集型行业，采用固定效应（FE）与可行广义最小二乘法（FGLS）对以上四组进行计量分析，对技术创新提升制造业国际竞争力的作用机理进行了检验；第 5 章采用固定效应、随机效应（RE）、可行广义最小二乘法对生产性服务与结构软化提升制造业国际竞争力行业差异的研究假设进行了检验；第 6 章采用固定效应与可行广义最小二乘法检验了提出的不同地区的差异化模式。

1.4.2 比 较 分 析 法

本书第 5 章对比分析了不同产业类型、不同产业成长阶段、不同产业组织结构类型下不同种类制造业产业对生产性服务类型需求的差异。在不同产业类型的分析中，对比分析了劳动密集型、资本密集型、技术密集型三种制造业对生产性服务需求的差异；在不同产业成长阶段的分析中，对比分析了成长期产业、成熟期产业两种制造业对生产性服务需求的差异；在不同产业组织结构类型的分析中，对比分析了竞争性行业、垄断性行业两种制造业对生产性服务需求的差异。本书第 6 章对比分析了东北经济区、长江三角洲经济区、珠江三角洲经济区三个不同地区生产性服务业发育状况、制造业出口结构及国际竞争力状况，在此基础上分析了不同地区生产性服务与结构软化提升制造业国际竞争力的模式。

1.4.3 主 成 分 分 析 法

本书第 3 章中运用主成分分析法横向分析了中国制造业国际竞争力。主成分分析法适用于多个指标的综合评价。本书选择国际市场占有率、贸易竞争力指数、显示性比较优势指数、出口增长优势指数、出口贡献率五个常用的国际竞争力评价指标，通过主成分分析法的降低维度功能分析出中国制造业国际竞争力的历年平均得分，并将这一得分与美国、日本、德国、英国、法国、韩国、巴西、土耳其、印度等国家进行了对比分析。

1.4.4 案例研究法

在本书第3章软要素提升中国制造业国际竞争力的具体分析中，运用案例分析法分析了管理创新对国际竞争力的提升作用。运用华为成功的管理创新案例分析了制造业企业能够通过提高研发管理创新和营销管理创新能力增强国际竞争力水平。运用海尔成功的管理创新案例分析了人力资源管理创新能力的提升有助于制造业企业核心竞争优势的形成，从而提高国际竞争力。运用青岛啤酒成功的管理创新案例分析了财务管理创新能力的增强有利于企业扩大规模，获取规模经济优势，增强国际竞争力。

1.5 本书主要创新点

本书的创新之处主要体现在以下三个方面：

第一，提出了基于结构软化的动态比较优势理论。中国制造业多年的高速增长是建立在利用比较优势，采取粗放式增长模式基础之上的。这种增长模式带来较多负面效应，且人口红利、资源红利、市场化改革红利、对外开放红利等正在逐渐消退。因此，本书提出，静态比较优势理论对于中国制造业的发展不具有系统和长期的指导意义。从生产不同产品的相对成本来看，目前中国制造业在劳动密集型产业上具有相对优势，发达国家在资本密集型和技术密集型产业上具有相对优势。如果以静态比较优势理论来指导中国制造业的发展，上述结构就会凝固化，中国制造业在国际贸易和分工中将处于不利的被动地位。中国作为一个发展中的大国，制定发展战略要根据市场需求和国家发展的需要，而不仅仅是比较优势。中国制造业发展的战略思路应当尽快完成从比较优势向竞争优势的转变，通过不断创造新的增长红利实现动态比较优势。本书提出，当前中国制造业国际竞争力提升的关键在于获取基于结构软化的动态比较优势，该种优势是通过不断增加生产性服务对制造业的中间投入产生的。生产性服务对制造业中间投入的增加能够不断提升制造业产业结构的软化程度，提升服务、信息、技术和管理等"软要素"在制造业价值创造中的贡献度，使中国制造业逐渐摆脱对廉价劳动力、自然资源等生产要素的依赖，提高国际竞争力水平。运用基于结构软化的动态比较优势理论，从结构软化的视角深入分析了生产性服务业提升制造业国际竞争力的作用机制，并具体分析了"软要素"如何提升中国制造业国际竞争力，对技术创新和管理创新提升中国制造业国际竞争力的作用机制进行了分析。

第二，构建了制造业结构软化的指标体系。在分析制造业结构软化发展趋势及其影响因素的基础上提出了制造业结构软化应当具备的基本特征。综合考虑服务化、高技术、融合化、生态化等基本特征构建了制造业结构软化的指标体系。该指标体系包含两级指标，有 4 个一级指标和 17 个二级指标。指标体系的设计具有科学的理论依据，运用该指标体系能够在一定程度上推进不同制造业行业与不同地区制造业结构软化的进程。各项指标具有较强的可操作性，各指标易于计算，能够将不同制造业行业结构软化程度量化，从而有利于客观地反映不同制造业行业结构软化状况，有利于对不同制造业行业结构软化程度进行静态与动态、横向与纵向的评价，有利于对不同产业结构软化趋势进行预测，有助于相关部门了解不同行业结构软化的状况，从而制定各种相关政策。构建合理的指标体系也有利于运用各种数据推测方法对不同地区制造业结构软化的发展趋势进行预测，从而在一定程度上把握不同地区制造业结构软化的走向，有助于相关部门制定各种推动不同地区制造业结构软化进程的政策，有助于通过考核激励各地区不断加强自身的薄弱环节，推进制造业结构软化进程。

第三，揭示了制造业结构软化的行业路径和地区模式差异。分析了制造业结构软化的行业路径差异。按照产业类型的不同考察了劳动密集型产业、资本密集型产业和技术密集型产业，按照产业成长阶段的不同考察了成长期产业和成熟期产业，按照产业组织结构类型的不同考察了垄断性产业和竞争性产业等。在此基础上分析了不同种类的制造业行业对于生产性服务需求的差别，从而揭示了制造业结构软化的行业路径差异。分析了制造业结构软化的地区差异。一方面，从不同地区对生产性服务业的扶持力度、制造业与生产性服务业互动程度、生产性服务业集聚水平、人才支撑力度、市场化程度、对外开放程度等方面分析了不同区域内生产性服务业发展水平及其所导致的地区生产性服务供给水平差异；另一方面，从不同地区制造业出口结构及国际竞争力状况的角度分析了不同地区优势、劣势产业及需重点发展的制造业行业的差异。在此基础上揭示了制造业结构软化的地区模式差异。

第 2 章

文献综述

2.1 生产性服务业文献综述

2.1.1 生产性服务业影响因素分析

从国外的研究来看，很多学者对生产性服务业发展的影响因素进行了分析。这些文献可分为单因素分析和多因素分析两类。从单因素分析来看，科恩和齐思曼（Cohen and Zysman, 1987）认为，制造业发展水平的高低在很大程度上决定了生产性服务业发展的速度，原因在于制造业规模的扩张产生了对生产性服务业的需求；伊列雷斯（Illeris, 1989）认为生产性服务业为知识密集型行业，这个特点导致生产性服务业发展水平的高低取决于人力资本投资大小；弗朗索瓦（Francois, 1990）分析了发达国家的经济发展状况，认为生产性服务业的发展水平随着经济发展水平的变化而变化；魁（Goe, 1991）认为，生产性服务业的发展受到产品生命周期的影响，产品生命周期的长短决定了每类生产性服务业相对的重要程度，如产品生命周期的缩短使研发设计等生产性服务业变得更加重要；从多因素分析来看，斯戴尔（Stare, 1999）通过研究斯洛文尼亚生产性服务业的发展状况，对该国生产性服务业进行了多影响因素分析，认为影响和制约该国生产性服务业的主要影响因素有人力资本状况、信息通讯设施状况、基础交通设施完善程度及市场化程度的高低。

国内的研究多为多影响因素分析。吕政等（2006）认为，影响和制约中国生产性服务发展的因素主要有：第一，市场化程度较低使得生产性服务业投资不足导致其服务供给增加速度缓慢；第二，工业生产方式以粗放式为主，以低级有型生产要素的投入为主，导致对生产性服务业的需求严重不足；第三，较低的国内工业地理集中度及城市化水平使得生产性服务业集聚效应不足，无法发挥外部经济效应、品牌与广告效应及持续创新效应；第四，国内地区之间没有形成有效的分工协作机制使得生产性服务业在不同地区结构雷同的现象，严重影响了增长率。程大中（2008）分析了中国生产性服务业发展水平低下的原因：第一，市场化程度较低导致服务业交易成本过高；第二，国内分工水平较低导致各地区生产性服务业重复建设；第三，受传统经济体制的影响，很多制造业采取自给自足的方式，从而对生产性服务业的发展产生不利影响。韩德超和张建华（2008）实证研究了工业化进程和结构对中国生产性服务业的影响。研究结果显示，工业化进程对中国生产性服务业影响不大，高技术产业的比重与生产性服务业的发展水平呈负相关关系。朱胜勇（2009）采用投入产出法实证分析了 OECD 国家生产性服务业发展的影响因素，结论表明：市场化水平、信息技术水平、制造业对生产性服务业的需求能够对生产性服务业产生显著性的影响。杨玉英（2010）从需求和供给两个角度分析了生产性服务业发展的影响因素。认为影响生产性服务业有效需求的主要影响因素包括制造业企业服务外包意识的强弱、生产性服务业企业自身服务能力的强弱、市场竞争环境的状况。而影响生产性服务有效供给的主要影响因素包括经济体制和政府政策、服务创新能力、城市化水平和基础设施的完善程度；祝新（2011）实证分析了中国生产性服务业的影响因素，研究结论表明：工业化基础水平、工业企业集聚程度、市场竞争环境对生产性服务业发展影响较为显著，而生产性服务业效率和专业化分工程度的作用较为有限。

2.1.2 生产性服务业与经济增长

从国外的研究来看，诺耶和斯坦贝（Noyell and Stanback，1985）通过研究国际大都市经济结构调整问题发现，服务业开始逐步取代工业成为推动城市经济发展的主要动力。该研究开始引发西方学者关注服务业对经济增长功能的研究；丹尼尔斯（Dnaiels，1998）研究了生产性服务业的空间区域分布对地区经济增长带来的影响，其中重点研究了生产性服务业对地区创新水平、商务环境等影响；霍奇和诺达斯（Hodge and Nordas，2001）实证分析了生产性服务业贸易开放程度与发展中国家经济增长的相关性。结果表明，生产性服务业贸易开放程度与发展中国家各行业劳动生产率成正比，但生产性服务业贸易开放程度提升各行业劳动生产率的效果受到该国市场化和基础设施完善程度的制约；伦德奎斯特等（Lundquist et al.，2008）分析了生产性服务业对瑞典经济发展和结构转型升级的不同作用。通过实证分析检验得出生产性服务业能够显著促进经济增长且这种效果在逐年递增，认为各国应重视生产性服务业的发展。

从国内的研究来看，学者们从理论和实证上分析了生产性服务与经济增长的关联性。郑吉昌（2005）系统分析了生产性服务业促进经济增长的作用机制，可以概括为以下两点：第一，生产性服务业能够促进社会化分工，提升整个社会的生产效率从而促进经济增长；第二，生产性服务业能够延伸制造业企业价值链从而使其产品收益最大化，发挥制造业对经济增长的带动作用。闫小培和钟韵（2005）认为生产性服务业能够通过提高地区经济活动的竞争力带动区域经济增长。刘重（2006）提出生产性服务业能够影响传统服务业的生产经营模式从而促进其转型升级，加速服务业产业结构的高级化进程，更好地发挥服务业整体对经济增长的带动作用。陈保启和李为人（2006）认为生产性服务业能够促进制造业的增长由粗放型向集约型转变，从而增加利润空间，提升经济效益，带动经济增长。江静等（2007）从理论和实证上分析了生产性服务业与制造业生产效率的内在联系，结果表明生产性服务业能够显著提升制造业生产效率并降低成本，且生产性服务业提升劳动密集型和资本密集型制造业生产效率存在明显差异。张亚斌和刘靓君（2008）利用省际面板数据实证分析了中国东、中、西三个地区生产性服务业与经济增长的相关性，实证结果表明生产性服务业的发展能够通过提高制造业技术创新能力、深化社会分工、改善投资环境等方式推动经济增长。冯泰文（2009）的实证研究结论表明生产性服务业能够显著提高制造业生产效率，其中金融业的提升效果相对明显。刘丽萍（2013）运用空间计量模型等工具实证研究了中国 2009 ~ 2011 年生产性服务业与经济增长的相关性，实证研究表明生产性服务业有利于推动经济增长，各省份之间在经济资源的争夺上较为激烈。

2.2 产业结构软化文献综述

2.2.1 产业结构软化动力机制

马云泽(2005)认为产业结构软化的动力机制可分为内在动力机制和外在动力机制。内在动力机制主要包括技术和知识、劳动力素质和结构及市场需求结构等。首先,技术和知识是产业结构软化的重要因素。技术和知识的不断进步能够通过改变原有产业的投入产出结构从而催生出更加高级的产业。其次,劳动力的素质和结构是决定产业结构能否不断向"软化"趋势调整的关键。一国产业结构的前向软化和后项软化都在很大程度上取决于人力资源是否充足。最后,市场需求结构的改变是产业结构软化的先决条件。各产业产出价值的实现建立在市场交换的基础上。因而需求结构软化的趋势能够决定产业结构软化的变动方向。外在动力机制主要包括经济体制和产业政策因素。不同经济体制下资源配置的效率不同,从而对产业结构软化进程造成不同影响。产业政策对产业结构软化的影响体现在产业宏观环境、产业结构及产业组织三个层次上。田敏(2007)认为产业结构软化的动力机制主要包括市场需求、技术进步、知识资源。首先,市场需求对产业结构软化的影响最为直接。随着经济的不断发展,人们的需求结构会发生改变,会由最初对物质的需求为主转向对各种服务的需求为主,从而导致服务业取代农业和工业成为社会主导产业。其次,技术进步能够推动产业结构不断从低级形态向高级形态演进。技术进步能够优化原有产业生产要素的投入结构,从而使产业结构不断升级。最后,知识密集型产业的不断发展能够加速前向软化和后向软化过程。郭艺丹和王燕(2013)认为生产性服务业的动力机制主要包括技术知识、人力资源、经济体制和产业政策。前两者为产业结构软化的内在推动力,后两者为外在推动力。

2.2.2 产业结构软化的影响

马云泽(2003)分析了产业结构软化如何影响世界经济发展。第一,产业结构软化促进了世界各国经济增长方式的转变。产业结构软化度的上升使各国的经济增长方式从粗放型向集约型转变，从而各国的经济整体实力不断增强。第二，产业结构软化能够使经济周期发生改变，降低其波动幅度，从而有利于世界经济的稳定增长。第三，产业结构的软化有利于就业结构的软化。这既体现在社会从业人员数量中从事技术、管理、服务行业的人数比重逐渐上升，也表现为农业和工业内部从事研发设计、品牌营销工作人员比例的提高。施祥正和吴进红（2006）分析了产业结构软化如何影响一国贸易结构。第一，产业结构软化能够影响一国产品贸易结构。主要表现在产业结构软化能够提高最终产品中精加工制成品和新型贸易产品的比例。第二，产业结构软化能够影响一国服务贸易结构。主要表现在产业结构软化提高了传统服务贸易中的科技含量比重并且催生出大量新兴知识性服务贸易形式。朱玲和陈永华（2008）研究了产业结构软化如何影响区域经济发展。体现在以下三个方面：第一，产业结构软化能够推动区域产业结构的高级化进程。主要表现在知识密集型产业取代劳动和资本密集型产业成为区域经济中的主导产业。第二，产业结构软化能够加速农村劳动力的转移。产业结构的软化能够拓宽农产品价值链，增加营销和品牌等环节，从而增加就业岗位，吸纳更多剩余劳动力。第三，产业结构软化能够带动区域国际贸易增长。主要体现在优化商品和服务贸易结构，增加贸易附加值。

2.2.3　产业结构软化的发展策略

高茜（1999）认为促进产业结构软化的策略包括：第一，应加大对科技教育的投入，大力发展高新技术产业，并用先进的技术装备对传统产业进行改造，从而推动中国产业结构的优化升级。第二，大力发展第三产业，不断提升第三产业比重，使其成为国民经济的主导产业。王菊芳和梁俊（2002）认为可以从以下几个方面促进产业结构软化：第一，加大高新技术产业融资力度的同时拓宽其融资渠道。第二，健全知识产权制度，最大限度调动高级人才的积极性，从而吸引更多留学生回国就业。第三，加大对教育事业的投入并不断改革教育体制，优化教师结构。施祥正和吴进红（2006）认为要促进中国产业结构软化必须做到以下三点：第一，增加科技投入，促进中国产业结构的优化升级。要大力培养高科技人才，促进产学研的结合，加速科研成果转化。第二，充分发挥政府的作用。政府应提供有利于加速产业结构软化进程的外部环境，包括增加对科技教育的财政补贴、优化市场竞争环境等。第三，大力发展服务贸易，促进中国服务业的发展。马云泽和吕磊（2006）从发展高新技术的角度提出了促进中国产业结构软化的策略，这些策略包括：第一，不断完善高新技术产业的内部和外部环境，最大限度调动高科技人才的积极性。第二，增加对高新技术产业的研发投入，并完善相关法律法规和配套措施。第三，提高高新技术产业引进吸收再创新能力，充分利用技术发达国家的先进技术。第四，要培育中国高新技术产业自主创新能力，使其成为技术创新活动真正的主体。第五，建立并完善发展高新技术产业的风险投资体制。主要包括完善相关的法律法规并培育成熟的资本市场。刘军（2007）从传统产业高技术的角度分析了促进产业结构软化的政策建议：第一，将运用高新技术改造传统产业的效果作为评价高新技术产业和企业发展的标准。第二，完善高新技术产业发展的信息化基础设施建设，大力发展信息产业，加大电子工程园、数码港等的投资建设。袁奇和刘崇仪（2007）分析了美国发展服务业的策略，为中国产业结构软化提供了有益借鉴。美国发展服务业的策略包括：第一，政府与企业共同投资发展服务业。美国政府中有很多部门，如商务部、旅游管理局等为企业提供信息和咨询服务。第二，同时注重国内服务业发展和服务贸易，建立起了较为完善的与服务业和服务贸易相关的法律法规。第三，注重与服务贸易相关的理论研究和高级人力资本积累。王然（2013）对中国中部地区农业结构进行了度量分析，提出了促进中国中部地区农业产业结构软化的政策建议：第一，增加科学研究和综合技术服务业等新兴服务对农业的投入，增加农业产品的附加值。第二，增加农业的金融服务投入，从而提高农业资金流转速度并降低流转成本。

2.3 产业国际竞争力文献综述

2.3.1 产业国际竞争力内涵

至今为止国内外学术界对产业国际竞争力的内涵并未达成一致，这里将主要学者对产业国际竞争力内涵的界定进行归纳总结，如表 2 - 1 所示。

表 2 - 1 　　　　　　　国内外学者对产业国际竞争力内涵的界定

学者	产业国际竞争力内涵	内涵的实质
波特 （Porter，1997）	一国特定产业通过在国际市场上销售其产品反映出来的生产率	生产率的国际比较
狄昂照（1992）	国际自由贸易前提下，一国特定产业产品开拓、占据市场并获利的能力	市场份额和盈利能力的国际比较
金碚（1996）	产业国际竞争力的核心就是生产力的竞争	生产力的国际比较
樊纲（2001）	一国特定产业能以比竞争对手更低的成本生产同一种类和质量的产品	生产成本的国际比较
朱建国（2001）	在自由公平的国际市场下，一国某一产业在竞争中获取有利销售条件从而获得最多利益的能力	盈利能力的国际比较
严伟良（2002）	一国特定产业产品相对于其他国家开拓、占领国际市场并盈利的能力	市场份额和盈利能力的国际比较
陈卫平（2002）	自由公平条件下一国特定产业相对其他国家的生产能力和盈利能力	生产能力和盈利能力的国际比较
余红胜（2002）	在激烈的国际市场竞争中通过培育出独特优势而持续生存和发展的能力	核心竞争优势的国际比较
马丹（2006）	在国际市场上保持并扩大利润份额的能力	盈利能力的国际比较
贾俐俐（2008）	处于特定发展阶段的一国特定产业，通过整合创新全球资源，在国际市场上相对其他国家所表现出的市场开拓能力	市场开拓能力的国际比较

资料来源：根据相关文献资料整理而得。

2.3.2　产业国际竞争力的影响因素分析

1. 产业国际竞争力的单一影响因素分析

从国外的研究来看，巴克莱和卡森（Buckley and Casson，1988，1991）提出内部化优势理论。所谓内部化优势是指一国企业在进行对外直接投资时为避免外部市场风险将企业核心优势保持在内部。内部化优势有利于提高产品的国际竞争力水平。弗农（Vernon，1966）认为，一国特定产业是否具有国际竞争力在很大程度上取决于其产品生命周期。该理论认为通过技术创新可以延长某一产业产品生命周期，从而增强该产业的国际竞争力水平。

从国内的研究来看，刘克逸（2002）分析了人力资本与中国产业国际竞争力提升之间的内在联系，认为人力资本已经成为提升我国产业国际竞争力的决定因素。王国顺和谢桦（2005）实证研究了电子及通讯设备制造业研发投入与国际竞争力的关系。研究结果表明，研发投入能够显著促进该行业国际竞争力的提升。程惠芳等（2008）从创新投入、创新制度等五个方面选择 15 个创新变量，运用因子分析法实证分析了国家创新体系与企业国际竞争力的相关性，研究结论表明国家创新体系能够显著促进企业国际竞争力的提升。龚艳萍和屈宁华（2008）运用 1995～2004 年 17 个中国高技术产业中的面板数据实证分析了技术创新能力对国际竞争力的影响。研究结论表明技术创新能够显著提升中国高技术产业国际竞争力水平。杜庆华（2010）首先测算了制造业产业集聚度与国际竞争力两个指标，之后结合钻石模型实证分析了产业集聚对中国制造业国际竞争力的影响。研究结论发现，产业集聚与国际竞争力存在显著正相关关系，但产业集聚对国际竞争力的作用大小因制造业行业类型的不同而有所差异。杨丹萍和毛江楠（2011）运用 1999～2008 年中国 15 个制造业行业的面板数据实证分析了地理集聚程度与国际竞争力的相关性。研究发现，90% 的制造业行业地理集聚程度与国际竞争力存在显著正相关关系。

2. 产业国际竞争力的多影响因素分析

陈卫平（2002）运用钻石模型理论对农业国际竞争力的影响因素进行了分析，指出影响农业国际竞争力的因素包括农业生产要素条件、农产品国内需求状况、农业相关产业发展状况、农业经营主体状况、机遇与政府行为。曹桂珍（2010）运用因子分析与主成分分析相结合的研究方法对中国制造业国际竞争力的影响因素进行了分析。研究结果表明，要素禀赋及其创造力是决定中国制造业国际竞争力最为重要的因素。邱晓兰等（2015）运用 2000～2011 年 26 个国家的面板数据实证分析了造纸产业国际竞争力的影响因素。研究结论表明，劳动力资源、纸浆进口额、纸浆产量等变量与国际竞争力存在显著正相关关系，而与出口依存度存在显著负相关关系。

2.4 生产性服务业与制造业关系文献综述

2.4.1 生产性服务业与制造业互动发展

从国外的研究来看，汉森（Hansen，1990）认为制造业创新有利于推动生产性服务业创新，而制造业的创新又依赖于生产性服务业的需求；舒甘（Shugan，1994）认为制造业规模的扩大能够提高生产性服务业的服务供给能力，生产性服务业规模的进一步扩大也有利于制造业的优化升级。

从国内的研究来看，唐国兴和段杰（2009）分析了深圳市生产性服务业与制造业的互动发展关系。研究结论表明：深圳市的工业化进程中两业互动程度较高，相互促进、共生关系显著。高觉民和李晓慧（2011）对中国生产性服务业与制造业的互动关系进行了理论与实证分析。首先分解与重构了产业视角下劳动与资本要素，构建了两业互动机理的理论模型，之后运用 2000～2007 年省际面板数据对理论模型进行了实证检验。实证结果表明，无论在行业整体还是细分行业层面，生产性服务业与制造业都是相互促进的。余晶（2013）以效率优化为基础，沿着两业互动效率的分析路径，采用一般均衡模型法、投入产出法等方法分析了服务业对制造业的中间投入效果。綦良群等（2015）建立了中国装备制造业与生产性服务业互动效率的评价指标体系，构建了两业互动效率评价模型，并运用截面数据进行了相应的实证分析。研究结论发现：第一，两业互动受到从业人员数量、产业利润水平、产业规模等因素的共同影响。第二，两业的互动效率主要取决于相对规模的合理性和采用技术的先进性。第三，相对规模的失调和采用技术水平较低导致目前中国两业互动效率不高。

2.4.2 生产性服务业对制造业竞争力的促进作用

从国外的研究来看，格鲁贝尔和沃克（Grubel H and Walker M，1988）通过对区域经济结构的研究发现，生产性服务业能够在很大程度上提高制造业劳动生产率和竞争力；埃斯瓦兰和科特沃（Eswaran M and Kotwal A，2002）认为在工业化进程中生产性服务业能够降低制造业生产成本，从而提高竞争力水平；沃夫玛尔（Wolfmayr，2008）运用 1995~2000 年 16 个 OECD 国家 18 个制造业行业数据实证研究了生产性服务业对制造业国际竞争力的提升作用，研究结论表明：生产性服务业能够提升制造业国际竞争力水平，且制造业产品国际市场份额与生产性服务业技术水平呈正相关关系。

从国内的研究来看，王保伦和路红艳（2007）认为生产性服务业是提高地区制造业竞争力的重要因素。生产性服务能够通过增强技术创新能力、提高生产效率、形成产业集群、改善投资环境等途径提高地区制造业竞争力水平。周鹏等（2011）对生产性服务业如何推动制造业价值链升级进行了研究。研究结论表明：生产性服务能够通过深化分工、降低内部成本、促进创新等途径推动制造业价值链升级和竞争力的提升。崔纯（2013）分析了生产性服务业推动装备制造业发展的作用机理，认为生产性服务能够通过降低成本和增强技术创新能力等途径促进装备制造业的升级。从实证层面上，采用逐步回归的方法分析了生产性服务业对装备制造业升级的影响。白清（2015）从全球价值链的视角分析了生产性服务业如何推动制造业优化升级的实现机制。该机制主要包括：第一，通过生产性服务外包制造业部分环节促进制造业效率提升；第二，通过生产性服务与制造业的协同定位实现制造业的规模效应。

2.5 对已有文献的总结与评述

国内外学者从理论和实证上分析了生产性服务业的影响因素。从理论分析来看，学者们从不同方面分析了生产性服务业发展的影响因素；从实证分析来看，主要集中于整体分析，分行业和地区的研究较少；国内外学者对生产性服务业促进经济增长展开了广泛而深入的研究，主要从提高创新能力、深化社会分工、转变增长方式、增强经济活力、改善投资环境等方面分析了生产性服务业对经济增长的促进作用。

产业结构软化的动力机制研究较为匮乏，已有的研究认为产业结构软化的动力机制主要包括知识和技术、人力资源、市场需求结构、经济体制、产业政策等；目前已有的关于产业结构软化影响的研究主要集中在理论层面，缺乏实证研究；大多数文献仅从一个或几个方面分析促进产业结构软化的策略，目前还未形成系统、全面的研究。

　　国内外学者对产业国际竞争力的内涵没有统一的界定，学者们从不同角度出发，但绝大多数定义只涉及国际竞争力内涵的一个方面，因而未能全面反映产业国际竞争力；产业国际竞争力影响因素分析的文献分为理论研究和实证研究两类。在理论研究上，多数文献从单一视角分析了产业国际竞争力的影响因素，系统性不足；实证研究主要集中在行业层面的分析上，地区层面的研究较少。

　　目前学者们在生产性服务与制造业互动的研究上取得了一定的成果，这些研究可分为理论研究和实证研究。理论研究主要包括基于分工视角、价值链视角、创新视角等的两业互动内在机理分析。实证研究主要包括基于投入产出分析、随机前沿生产函数法、数据包络分析法等对两业互动效率的测度；国内外学者对生产性服务业促进制造业国际竞争力提升这一研究领域愈发重视，取得了一定的进展，为本书的研究奠定了一定的基础，但目前的研究仍有较大的提升空间。

　　第一，需要特定的研究视角。现有的文献多数只是分析了生产性服务业促进制造业国际竞争力提升的作用机理，并没有从特定的视角切入并分析生产性服务和制造业转型升级与国际竞争力的提升。

　　第二，需要系统和规范的理论分析框架。现有的文献多数只是涉及了生产性服务提升制造业国际竞争力途径的一个或几个方面，如降低成本、提高生产效率等，没有较为全面地阐述这种作用机制，并且对其中某一途径的分析也不够具体。

　　第三，需要多层次比较分析。目前的研究多数只是从整体上分析生产性服务如何促进制造业国际竞争力的提升。然而这种促进存在行业和地区之间的差异，不能一概而论，因而有必要进行生产性服务提升制造业国际竞争力的行业与地区差异分析，从行业差异和地区差异的角度出发对生产性服务与制造业国际竞争力提升问题展开的研究目前还很少。

　　第四，需要可操作的、针对性强的政策设计。现有的研究多数是较为笼统地提出如何利用生产性服务促进制造业国际竞争力的提升，系统性、可操作性和针对性不足，需要做到有的放矢。

　　因此，基于现有文献的不足，本书尝试从结构软化的视角入手，多角度、多层次地分析生产性服务如何提升中国制造业国际竞争力，为摆脱传统国际贸易理论的束缚，重新定位制造业的发展战略，利用生产性服务提升制造业国际竞争力，提供有价值的借鉴参考。

第 3 章

基于结构软化的动态比较优势与
中国制造业国际竞争力

3.1 中国制造业国际竞争力现状分析

现阶段中国制造业国际竞争力水平较低，主要表现为：中国制造业技术创新能力较为薄弱，品牌建设能力严重不足，中国制造业企业规模仍然普遍偏小，尚未形成规模经济效应，制造业的发展方式仍主要为粗放型，需要投入大量劳动力和资源等有形要素。在对中国制造业国际竞争力现状进行分析后，采用主成分分析法①分析出中国制造业国际竞争力的历年平均得分，并将这一得分与美国、日本、德国、英国、法国、韩国、巴西、土耳其、印度等国家进行了对比分析。

3.1.1 中国制造业国际竞争力基本状况分析

自改革开放特别是进入 21 世纪以来，中国经济持续高速增长，制造业的发展取得了举世瞩目的成就，国际竞争力持续上升。然而，现阶段中国制造业国际竞争力水平仍然较低，主要体现为以下四个方面：

第一，中国制造业技术创新能力较为薄弱。技术创新在制造业发展的

---

① 主成分分析法是一种能够将原有指标或变量通过线性变换重新组合为一组新的、彼此独立的几个综合变量或指标，同时根据实际需要从中选取较少的综合变量或指标，尽可能多地反映原始变量或指标信息的一种降低维度的方法。

过程中起着不可或缺的作用，是提升制造业核心竞争力的重要途径。中国制造业技术创新能力相对较弱。体现在以下两个方面：首先，中国制造业研发投入强度较低。研发活动是科技活动的核心，是实现自主创新的重要手段。研发投入包括研发经费投入和研发人员投入。中国研发强度与发达国家相比仍存在较大差距。以 2016 年度全球研发投入 100 强中交通运输设备制造业企业的研发投入为例，德国为 6.07%，日本为 5.57%，中国这一比例仅为 4.15%①。若以各国全部交通运输设备制造业企业为对象，中国这一比例则会更低。其次，中国制造业的专利申请与授权不均衡，发明专利所占比重偏低。2011～2015 年，我国全部专利申请中发明专利仅占 1/3 左右。专利的申请和授权情况是反映一国制造业技术创新产出能力的主要指标，然而中国专利申请量与专利授权量的差距随时间逐渐拉大。2011～2015 年，我国授权专利占申请专利的比例仅有 1/4 左右。发明专利是中国所有专利中技术含量最高的一种。尽管中国制造业国内专利申请的数量明显增长，但从专利类型的分布上来看，国内发明专利申请量所占专利申请总量比重仍然最低，远低于国外这一比重，说明中国科技实力和技术创新水平仍需提高。

第二，品牌建设能力严重不足。品牌是制造业企业存在与发展的灵魂，是中国制造业进入世界市场的通行证，在很大程度上代表着制造业企业的国际竞争力。目前，中国制造业品牌建设能力严重不足。中国的制造业目前仅仅是生产能力突出，但缺乏国际知名品牌。很多国产品牌在国内市场上竞争力弱于来自发达国家的国际名牌，这一现象主要集中在汽车、家用电器、饮料和电信等行业。与发达国家相比，中国品牌在数量和质量上都存在着巨大差距。在 2016 年国际权威品牌价值评估机构 Brand Finance 评出的 100 个全球最具价值的品牌中，制造业品牌共 36 个，美国占了 13 个，日本占了 7 个，德国占了 6 个，中国仅有两家制造业企业上榜。从品牌的市场占有率来看，中国企业品牌产品市场占有率较低。

第三，中国制造业企业规模仍然普遍偏小，尚未形成规模经济效应。在全球一体化日益加剧的今天，没有强大的生产规模就很难掌握国际竞争中的主动权。制造业行业规模的扩大，可以进一步降低成本、提高效率，增强制造业国际竞争力。但由于中国制造业企业起点低，发展时间短，中国制造业企业规模还普遍偏小，规模经济远未实现。我们将中国制造业各行业规模最大企业与世界同行最大企业之间进行对比：根据 2015 年中国

---

① 该数据来自欧盟委员会发布的"2016 全球企业研发投入排行榜"。

企业 500 强和世界企业 500 强的有关数据，中国最大电子类企业销售收入仅相当于世界最大同行企业的 1.27%，最大汽车生产企业销售收入仅相当于世界最大同行企业的 39.75%，最大电器类企业销售收入仅相当于世界最大同行企业的 34.64%，最大化工类企业销售收入仅相当于世界最大同行企业的 18.61%，最大医药类企业销售收入仅相当于世界最大同行企业的 6.36%，最大饮料类企业销售收入仅相当于世界最大同行企业的 7.55%，最大食品类企业销售收入仅相当于世界最大同行企业的 22.64%，最大纸类企业销售收入仅相当于世界最大同行企业的 17.82%①。

第四，制造业的发展方式仍主要为粗放型，需要投入大量劳动力和资源等有形要素，给资源和环境带来了较大的压力。中国制造业国际竞争力的形成在很大程度上依靠劳动密集型产业，高新技术产业尽管发展较快，但在经济主体中所占比重有限，劳动力成本上升使得中国制造业国际竞争力逐渐丧失。此外，制造业持续高速发展极大地消耗了资源和能源。目前，中国平均每千元产值能耗大致是日本的 8.7 倍、美国的 4.3 倍、德国的 5 倍、韩国的 2.7 倍，是世界平均水平的 2.2 倍。资源的高强度消耗，必然会给环境带来越来越大的压力。目前，中国二氧化硫和二氧化碳排放量均为世界第一，污染排放已大大超出环境容量。在全球 144 个国家和地区"环境可持续指数"排名中，中国位居第 133 位。因此，中国制造业发展方式从粗放型转向集约型是其国际竞争力进一步提升的关键。

本书采用主成分分析法测算了中国、美国、德国、日本、英国、法国、韩国、巴西、土耳其、印度 10 个国家部分制造业行业国际竞争力 2001 ~ 2015 年平均得分，并将中国制造业得分情况与其他国家进行了对比。在此基础上，分析了中国制造业国际竞争力水平。

美国、德国、日本、英国、法国为典型的发达国家，韩国、巴西为新型工业化国家，土耳其、印度为发展中国家，同这三类国家进行对比具有较强的现实意义。选取纺织业、食品加工和制造业、饮料制造业、家具制造业、烟草加工业、黑色金属冶炼及压延加工业、有色金属冶炼及压延加工业、金属制品业、石油加工、炼焦及核燃料加工业、电气机械及器材制造业、电子及通讯设备制造业、交通运输设备制造业、医药制造业、专用设备制造业、仪器仪表及文化办公用机械制造业等行业为研究对象。以上选取的制造业行业均为典型的劳动密集型、资本密集型和技术密集型行

①　根据《财富》杂志发布的 2015 年世界五百强与中国五百强排行榜的相关数据计算得出。

业；选择国际市场占有率、贸易竞争力指数、显示性比较优势指数、出口增长优势指数、出口贡献率5个常用的国际竞争力评价指标，对各国选取的制造业行业国际竞争力进行评价。以上5个指标均从出口值的角度评价。

各项指标计算公式如下：

（1）国际市场占有率：$IMS_{ij} = X_{ij}/X_{wj}$，其中 X_{ij} 表示 i 国 j 种产品出口额，X_{wj} 表示世界 j 种产品的出口额。

（2）贸易竞争力指数：$TC_{ij} = (X_{ij} - M_{ij})/(X_{ij} + M_{ij})$，其中 X_{ij} 和 M_{ij} 分别表示 i 国 j 种产品的出口额和进口额。

（3）显示性比较优势指数：$RCA_i = \dfrac{(X_i/X_{it})}{(X_w/X_{wt})}$，其中 X_i 和 X_{it} 分别表示 i 国该产品的出口额和 i 国所有产品的出口额，X_w 和 X_{wt} 分别表示世界该产品的出口额和世界所有商品的出口额。

（4）出口增长优势指数 = i 国 j 产品出口额增长率/i 国同期总出口贸易增长率。

（5）出口贡献率 = X_i/X_{it}，其中 X_i 和 X_{it} 分别表示 i 国该产品的出口额和 i 国所有产品的出口额。

本书中各国制造业国际市场占有率等五项国际竞争力评价指标均由联合国贸易与发展会议（简称 UNCTAD）数据库[1]2001～2015 各期数据计算而得。各国制造业行业划分以中国《国民经济行业分类代码》为依据。UNCTAD 数据库中商品贸易数据与中国《国民经济行业分类代码》的对应关系以盛斌[2]（2002）的标准为依据。受篇幅所限，本书仅列出 2001 年中国选取的制造业行业国际竞争力水平的主成分分析步骤：

第一步，根据本书选取的中国制造业国际竞争力评价指标，对联合国贸易与发展会议数据库各期数据进行计算，得出 2001 年中国选取的制造业各行业国际竞争力指标的原始数据，如表 3 - 1 所示。

表 3 - 1　　2001 年中国选取的制造业行业国际竞争力各指标原始数据

行业/指标	国际市场占有率	贸易竞争力指数	显示性比较优势指数	出口增长优势指数	出口贡献率
纺织业	0.1052	0.1447	2.4248	1.8180	0.0633
食品加工和制造业	0.0365	0.3997	0.8417	1.4227	0.0387

---

① 联合国贸易与发展会议数据库详见 http：//unctad. org/en/Pages/Statistics. aspx。

② 盛斌：《中国对外贸易政策的政治经济分析》，上海人民出版社 2002 年版。

续表

行业/指标	国际市场占有率	贸易竞争力指数	显示性比较优势指数	出口增长优势指数	出口贡献率
饮料制造业	0.0214	0.7006	0.4947	0.7320	0.0032
家具制造业	0.0829	0.9105	0.3173	1.5447	0.0190
烟草制品业	0.0124	0.7031	0.2853	4.5273	0.0007
黑色金属冶炼及压延加工业	0.0238	− 0.5465	0.5488	− 4.1605	0.0118
有色金属冶炼及压延加工业	0.0301	− 0.3007	0.6946	− 0.1136	0.0125
金属制品业	0.0618	0.5089	1.4251	1.6482	0.0289
石油加工、炼焦及核燃料加工业	0.0221	− 0.0988	0.5096	0.0960	0.0131
电气机械及器材制造业	0.0501	− 0.1752	1.1562	0.7462	0.1027
通讯设备、计算机及其他电子设备制造业	0.0796	0.3370	4.1309	3.0706	0.1513
交通运输设备制造业	0.0127	− 0.0506	0.2934	0.1789	0.0339
医药制造业	0.0148	0.2381	0.3416	1.5670	0.0074
专用设备制造业	0.0197	− 0.5299	0.4540	1.1867	0.0178
仪器仪表制造业	0.0523	− 0.0068	1.2065	2.9863	0.0567

资料来源：根据联合国贸易与发展会议数据库各期数据计算整理而得。

第二步，使用 spss19.0 软件对表 3-1 中的原始数据进行标准化处理，结果如表 3-2 所示。

表 3-2 　　　　　　　　　　标准化后的原始数据

行业/指标	国际市场占有率	贸易竞争力指数	显示性比较优势指数	出口增长优势指数	出口贡献率
纺织业	2.1748	− 0.0095	1.3637	0.3474	0.6208
食品加工和制造业	− 0.1778	0.5603	− 0.1604	0.1418	0.0312
饮料制造业	− 0.6949	1.2326	− 0.4945	− 0.2174	− 0.8197
家具制造业	1.4111	1.7016	− 0.6653	0.2053	− 0.4410
烟草制品业	− 1.0031	1.2382	− 0.6961	1.7565	− 0.8796

续表

行业/指标	国际市场占有率	贸易竞争力指数	显示性比较优势指数	出口增长优势指数	出口贡献率
黑色金属冶炼及压延加工业	-0.6128	-1.5539	-0.4424	-2.7620	-0.6136
有色金属冶炼及压延加工业	-0.3970	1.0047	-0.3020	-0.6572	-0.5968
金属制品业	0.6885	0.8043	0.4013	0.2591	-0.2037
石油加工、炼焦及核燃料加工业	-0.6710	-0.5535	-0.4801	-0.5482	-0.5824
电气机械及器材制造业	0.2879	-0.7242	0.1424	-0.2100	1.5651
通讯设备、计算机及其他电子设备制造业	1.2981	0.4202	3.0062	0.9989	2.7299
交通运输设备制造业	-0.9929	-0.4458	-0.6883	-0.5051	-0.0839
医药制造业	-0.9210	0.1992	-0.6419	0.2169	-0.7190
专用设备制造业	-0.7532	-1.5168	-0.5336	0.0191	-0.4698
仪器仪表制造业	0.3632	-0.3480	0.1908	0.9550	0.4626

第三步，算出标准化系数的相关系数矩阵，结果如表3-3所示。

表3-3 相关系数矩阵

	国际市场占有率	贸易竞争力指数	显示性比较优势指数	出口增长优势指数	出口贡献率
国际市场占有率	1.000	0.291	0.698	0.270	0.593
贸易竞争力指数	0.291	1.000	0.068	0.591	-0.048
显示性比较优势指数	0.698	0.068	1.000	0.310	0.864
出口增长优势指数	0.270	0.591	0.310	1.000	0.274
出口贡献率	0.593	-0.048	0.864	0.274	1.000

第四步，运用spss19.0软件进行主成分分析，得到总体方差分析表（见表3-4）和主成分的特征向量（见表3-5）。

表 3 – 4 　　　　　　　　　　　　　总体方差分析表

指标变量	初始特征值			提取平方和载入		
	特征值	方差贡献率（%）	累计方差贡献率（%）	特征值	方差贡献率（%）	累计方差贡献率（%）
1	2.671	53.418	53.418	2.671	53.418	53.418
2	1.427	28.546	81.964	1.427	28.546	81.964
3	0.546	10.926	92.890			
4	0.234	4.688	97.578			
5	0.121	2.422	100.000			

表 3 – 5 　　　　　　　　　　　　　主成分特征向量

主成分 1 特征向量	主成分 2 特征向量
0.831	− 0.069
0.358	0.856
0.904	− 0.312
0.567	0.657
0.845	− 0.402

通过对特征根的贡献率测算可知，前两个特征值均大于 1，且累计贡献率达到 81.964%。在主成分分析中，一般认为特征值超过 1 且累计贡献率在 80% ~95% 之间的变量为主成分。根据以上要求，本书应选取前 2 个主成分来代表原有的指标变量。

各制造业行业每一个主成分得分可由标准化系数矩阵相应的行分别乘以主成分的两个特征向量再相加而得。计算完 2 个主成分得分后，再对 2 个主成分进行加权求和，即得各制造业行业国际竞争力得分，权数为每个主成分的方差贡献率大小。某一制造业行业国际竞争力得分代表了其国际竞争力水平。

我们以行业 1（纺织业）的国际竞争力得分计算为例。计算过程如下：

首先计算两个主成分得分：

$$F_1 = 2.1748 \times 0.831 + (-0.0095) \times 0.358 + 1.3637 \times 0.904$$
$$+ 0.3474 \times 0.567 + 0.6208 \times 0.845$$

$$F_2 = 2.1748 \times (-0.069) + (-0.0095) \times 0.856$$
$$+ 1.3637 \times (-0.312) + 0.3474 \times 0.657$$
$$+ 0.6208 \times (-0.402)$$

再对两个主成分进行加权求和：

$$F = 0.53418 \times F_1 + 0.28546 \times F_2$$

即可得到行业 1（纺织业）的国际竞争力得分。由此方法我们可以得到 2001 年中国选取的 15 个行业国际竞争力得分，如表 3 - 6 所示。

表 3 - 6　　　　　2001 年中国选取的制造业行业国际竞争力得分

行业	国际竞争力得分
纺织业	1.0833
食品加工和制造业	0.1548
饮料制造业	- 0.1107
家具制造业	0.7548
烟草制造业	0.4363
黑色金属冶炼及压延加工业	- 1.8165
有色金属冶炼及压延加工业	- 0.8261
金属制品业	0.5760
石油加工、炼焦及核燃料加工业	- 0.7494
电气机械及器材制造业	0.0814
通讯设备、计算机及其他电子设备制造业	1.9642
交通运输设备制造业	- 0.7375
医药制造业	- 0.3671
专用设备制造业	- 0.8778
仪器仪表制造业	0.4343

重复相同的方法，可以得出中国选取的制造业行业国际竞争力 2001 ~ 2015 年各年度国际竞争力得分。同样运用该方法我们能够得出美国、德国、日本、英国、法国、韩国、巴西、土耳其、印度等其余 9 国选取的制造业行业 2001 ~ 2015 年国际竞争力得分。为了进行中国制造业国际竞争力的横向对比分析，我们将中国选取的制造业行业历年国际竞争力平均得分与其他国家进行对比，如表 3 - 7 所示。

表 3 - 7　　　各国选取的制造业行业国际竞争力历年平均得分对比

行业/国家	中国	美国	德国	日本	英国
纺织业	0.8366	-1.6113	-1.5787	-0.4049	-0.6091
食品加工和制造业	-0.1629	-0.1398	-0.2352	-1.4504	-0.6164
饮料制造业	-0.5058	-0.0129	-0.9775	-0.0176	0.9412
家具制造业	1.1533	-0.7768	-0.4795	-1.2119	-1.1571
烟草制造业	-0.1988	-1.2818	1.6525	-1.3370	0.2813
黑色金属冶炼及压延加工业	-0.3032	-0.7768	-0.3586	1.1076	-0.0262
有色金属冶炼及压延加工业	-0.8087	-0.4836	-0.6108	-0.1647	0.3200
金属制品业	0.6965	0.2641	0.8500	-0.2383	-0.2055
石油加工、炼焦及核燃料加工业	-0.6276	1.6435	-1.1835	-0.7487	0.7987
电气机械及器材制造业	-0.2007	0.3019	0.5306	1.4163	-0.4114
通讯设备、计算机及其他电子设备制造业	2.0474	2.0918	1.8060	0.0824	1.7854
交通运输设备制造业	-0.9955	2.1632	2.1030	1.1632	2.1602
医药制造业	-0.5164	1.5329	0.4709	1.2270	1.2483
专用设备制造业	-1.4300	1.4767	1.0625	1.3435	0.1737
仪器仪表制造业	0.4844	1.6274	1.1282	1.1876	0.1123
行业/国家	法国	韩国	巴西	土耳其	印度
纺织业	-0.5527	0.0399	-0.9316	1.7094	1.3933
食品加工和制造业	0.1841	-1.2489	3.9369	0.0841	0.7255
饮料制造业	2.9742	1.0239	-0.6025	-0.6553	-0.2162
家具制造业	-0.7246	-1.3665	-0.5209	-0.0668	-1.0466
烟草制造业	-0.7820	-0.0171	-0.6420	0.1190	-0.1290
黑色金属冶炼及压延加工业	-0.0856	1.1248	1.6165	2.0604	0.6763
有色金属冶炼及压延加工业	-0.8923	-0.3741	-0.6199	-0.6591	-0.8660
金属制品业	-0.1257	-0.0717	-0.0443	0.4305	0.0334
石油加工、炼焦及核燃料加工业	0.0959	2.0908	-0.3887	0.0635	2.8225
电气机械及器材制造业	-0.1920	0.2929	-0.7619	0.0414	-0.4884
通讯设备、计算机及其他电子设备制造业	-1.2239	0.7956	-0.7211	-0.9324	-1.4178

行业/国家	法国	韩国	巴西	土耳其	印度
交通运输设备制造业	1.8156	1.3311	0.8814	0.7971	0.3522
医药制造业	0.9948	−1.2001	−0.5104	−1.1504	0.2384
专用设备制造业	−0.0443	−1.2010	−0.2063	−0.6788	−1.7489
仪器仪表制造业	0.5516	2.0867	−0.5473	−1.1625	−1.0405

资料来源：根据联合国贸易与发展会议数据库各期数据计算整理而得。

总体上来看，选取的中国制造业行业产品国际竞争力水平较低，除了纺织业、家具制造业、金属制品业、通信设备、计算机及其他电子设备制造业等少数行业国际竞争力较强外，其余制造业行业国际竞争力均较弱。

从具体行业来看，中国的纺织业、家具制造业、金属制品业、通信设备、计算机及其他电子设备制造业国际竞争力得分较高，具有较强的国际竞争力。原因在于中国的纺织业、家具制造业在自然资源、廉价劳动力上具有较强的比较优势，这种比较优势能够转化为产品的成本优势，形成较强的国际竞争力。金属制品业国际竞争力较强的原因在于中国具有丰富的金属矿产资源，并且产业规模经济效应和集聚效应明显。中国通信设备、计算机及其他电子设备制造业引进了发达国家的高新技术，并与自身的加工组装优势相结合，因而产品具有较强的国际竞争力；中国的食品加工和制造业、饮料制造业、烟草制造业、黑色金属冶炼及压延加工业、有色金属冶炼及压延加工业、石油加工、炼焦及核燃料加工业、电气机械及器材制造业、交通运输设备制造业、医药制造业、专用设备制造业、仪器仪表制造业等行业都不具有国际竞争力，与制造业发达国家具有一定的差距。中国的食品加工和制造业、饮料制造业、烟草制造业等劳动密集型行业过于关注生产环节，对市场营销、品牌建设等高附加值环节重视不足，阻碍了国际竞争力的进一步提升。黑色金属冶炼及压延加工业、有色金属冶炼及压延加工业、石油加工、炼焦及核燃料加工业、电气机械及器材制造业等行业缺乏有效的生产管理，且生产过程中运用的现代科学技术较少，制约了生产效率的提高，不利于产品国际竞争力的增强。交通运输设备制造业、医药制造业、专用设备制造业、仪器仪表制造业等行业过于重视加工、组装等生产环节，缺乏自主创新能力，对营销、品牌等高附加值环节投入不足，从而导致产品的附加值较低，获取的利益较少，不利于国际竞争力的提高。

3.1.2　基于全球价值链的中国制造业国际竞争力状况分析

随着贸易自由化的深入发展以及通讯和运输成本的进一步降低，生产过程的国际分工进一步深化，各国制造业参与国际分工的形态从专业化生产特定产品转变为专业化从事产品生产流程的特定环节，因而包括研发、设计、关键零部件制造、加工组装、营销、品牌和售后服务等各种增值环节在内的 GVC 分工体系得以形成。发达国家凭借较强的自主研发和设计能力、市场控制能力、品牌建设等能力，牢牢占据着 GVC 的高端环节和战略资源，从而获取了较多的分工利益。长期以来，中国凭借廉价而又丰裕的低技术水平劳动力，专业化于 GVC 中组装加工等劳动密集型生产环节，成为"世界工厂"。中国贸易规模因此而迅速扩大，积累了大量的贸易顺差，而背后却是中国出口企业获取的极为有限的加工费。这种被动参与国际分工的方式会使中国制造业陷入低端分工锁定和贫困式增长陷阱，严重制约了中国自主研发能力和品牌建设能力的提升。GVC 中一国制造业国际竞争力体现为参与全球某一种最终产品的生产所获得的分工利得。当前中国制造业企业在 GVC 分工体系中贸易规模和获利能力的错配给中国对外贸易和整体经济的发展带来了极大挑战。

在 GVC 分工下，通常采用的基于进出口额的国际竞争力指标会夸大依赖进口中间产品国家的竞争力，无法反映一国的真实国际竞争力状况[①]。因此，本书采用基于 GVC 收入的显示性比较优势指数（简称 RCA 指数）作为 GVC 下制造业国际竞争力的量化指标，其计算公式为：$RCA_{is} = \dfrac{GVC_i^s / GVC_w^s}{GVC_i / GVC_w}$，其中 GVC_i^s 表示 i 国 s 产品的 GVC 收入，GVC_w^s 表示世界 s 产品的 GVC 收入，GVC_i 表示 i 国所有产品的 GVC 收入，GVC_w 表示世界所有产品的 GVC 收入。如果该指数大于 1，则说明 i 国在 s 产品 GVC 的生产中专业化程度较高，具有比较优势；行业的选取涉及世界投入产出数据表和中国国民经济行业分类中两种不同制造业行业划分标准，选取两种划分标准中相同的行业，并将部分行业合并，从而保证各研究变量数据的一致性。这些行业为：食品、饮料制造及烟草业、纺织品及服装制造业、木材

---

① 聂玲、李三妹：《制造业全球价值链利益分配与中国的竞争力研究》，载《国际贸易问题》2014 年第 12 期，第 102～113 页。

加工及木制品、造纸、印刷及出版业、石油精炼及核燃料、化学原料及化学制品制造业、橡胶与塑料制品业、非金属矿物制品业、金属冶炼及压延加工业、机械制造业、电子及光学设备制造业、交通运输设备制造业等行业；基于 GVC 收入的 RCA 指数是根据世界投入产出数据库中的世界投入产出数据表 2001～2014 年各期数据计算而得。

由 RCA 指数计算公式可知，要测算一国某一行业基于 GVC 收入的 RCA 指数，先要测算一国某一行业的 GVC 收入。本书运用库普曼等（Koopman et al., 2010）总出口的价值增值分解模型，对一国出口进行价值增值分解，测度出一国制造业各行业出口中包含的国内价值增值以及国外价值增值。

假设有 G 个国家和 N 个部门，所有产品既可以被用作中间品也可用作最终产品被本国和外国消耗。因此，产品市场的出清意味着一国产出满足以下条件：

$$x_s = a_{ss}x_s + \sum_{r \neq s}^{G} a_{sr}x_r + y_{ss} + \sum_{r \neq s}^{G} y_{sr}, \ s = 1, \ 2, \ \cdots, \ G_{\circ} \quad (3.1)$$

等式中的 x_s 和 x_r 分别为 s 国和 r 国的总产出；a_{ss} 表示 s 国产品生产过程中所需消耗的本国产品；a_{sr} 表示 r 国产品生产过程中所需消耗的 s 国产品，即 r 国产品对 s 国中间品的直接消耗系数；y_{ss} 表示 s 国对本国产品的最终需求；y_{sr} 表示 r 国对 s 国产品的最终需求。将上式改写成矩阵形式：

$$\begin{bmatrix} X_1 \\ X_2 \\ \cdots \\ X \end{bmatrix} = \begin{bmatrix} I - A_{11} & -A_{12} & \cdots & -A_{1G} \\ -A_{21} & I - A_{22} & \cdots & -A_{2G} \\ \cdots & \cdots & \cdots & \cdots \\ -A_{G1} & -A_{G2} & \cdots & I - A_{GG} \end{bmatrix}^{-1} \begin{bmatrix} \sum_{r}^{G} Y_{1r} \\ \sum_{r}^{G} Y_{2r} \\ \cdots \\ \sum_{r}^{G} Y_{Gr} \end{bmatrix} \quad (3.2)$$

等式中 X_s 表示各国的产出向量，A_{sr} 表示直接消耗系数矩阵，Y_{sr} 表示 r 国对 s 国产出的最终需求向量。令 $B = (I - A)^{-1}$ 表示完全消耗系数矩阵，也称里昂惕夫逆矩阵。矩阵中的元素 B_{sr} 为"完全消耗系数"，其含义为 r 国最终需求多增加 1 单位所需投入的 s 国产出。

进一步定义一国直接价值增值系数 $v_s = 1 - \sum_{r=1}^{G} a_{sr}$，即剔除中间品对产出的贡献后得到的 s 国对产出贡献的直接价值增值部分。

令 $\hat{V}$ 表示 N 维对角阵，其对角线上的元素为 s 国各部门的直接价值增值系数，定义多国部门直接价值增值系数矩阵：

$$\hat{V} = \begin{bmatrix} \hat{V}_1 & 0 & \cdots & 0 \\ 0 & \hat{V}_2 & \cdots & 0 \\ \cdots & \cdots & \cdots & \cdots \\ 0 & 0 & \cdots & \hat{V}_G \end{bmatrix}_{(GN \times GN)} \tag{3.3}$$

令 $\hat{E}_s$ 表示 N 维对角阵，其对角线上的元素为 s 国各部门总出口，同样定义多国多部门出口矩阵：

$$\hat{E} = \begin{bmatrix} \hat{E}_1 & 0 & \cdots & 0 \\ 0 & \hat{E}_2 & \cdots & 0 \\ \cdots & \cdots & \cdots & \cdots \\ 0 & 0 & \cdots & \hat{E}_G \end{bmatrix}_{(GN \times GN)} \tag{3.4}$$

将直接价值增值矩阵 $\hat{V}$ 与完全消耗矩阵 B 以及出口矩阵 $\hat{E}$ 相乘，就能够将 r 国出口的价值增值进行分解：

$$V\hat{B}E = \begin{bmatrix} V_1 \sum_{r}^{G} B_{1r}E_{r1} & V_1 \sum_{r}^{G} B_{1r}E_{r2} & \cdots & V_1 \sum_{r}^{G} B_{1r}E_{rG} \\ V_2 \sum_{r}^{G} B_{2r}E_{r1} & V_2 \sum_{r}^{G} B_{2r}E_{r2} & \cdots & V_2 \sum_{r}^{G} B_{2r}E_{rG} \\ \cdots & \cdots & \cdots & \cdots \\ V_G \sum_{r}^{G} B_{Gr}E_{r1} & V_G \sum_{r}^{G} B_{Gr}E_{r2} & \cdots & V_G \sum_{r}^{G} B_{Gr}E_{rG} \end{bmatrix}_{(GN \times GN)} \tag{3.5}$$

$V\hat{B}E$ 矩阵中各行非对角线元素加总表示 r 国通过将中间品出口给 s 国经后者加工成最终消费品再出口给 t 国实现的间接附加值出口：

$$IV_r = \sum_{s \neq t} V_r B_{rs} E_{st} \tag{3.6}$$

$V\hat{B}E$ 矩阵中各列非对角元素加总表示其他国家对 r 国出口贡献的价值增值，即 r 国出口中包含的国外价值增值：

$$FV_r = \sum_{s \neq r} V_s B_{sr} E_{r*} \tag{3.7}$$

$V\hat{B}E$ 矩阵中的对角元素表示出口中国内价值增值：

$$DV_r = V_r B_{rr} E_{r*} \tag{3.8}$$

综上所述，最终可将一国出口的价值增值分解为以下五个部分：

$$E_{r*} = V_r B_{rr} \sum_{s \neq r} Y_{rs} + V_r B_{rr} \sum_{s \neq r} A_{rs} X_{ss} + V_r B_{rr} \sum_{s \neq r} \sum_{t \neq r,s} A_{rs} E_{st} + V_r B_{rr} \sum_{s \neq r} A_{rs} E_{sr} + FV \tag{3.9}$$

等式中右端第一项为被包含在最终产品和服务出口中直接被进口方吸收的 r 国国内价值增值；第二项为包含在出口中间品中用于进口国生产国内需求产品的 r 国国内价值增值；第三项为包含在出口中间品中，供进口国生产向第三国出口产品的 r 国国内价值增值；第四项为 r 国出口给进口方用来生产回流本国产品的中间品中含有的国内价值增值；第五项为出口中包含的国外价值增值。

由公式（3.9）我们可以测算出一国制造业每一个行业出口的增加值，即行业 GVC 收入。再分别对行业 GVC 收入进行行业、国家及行业和国家层面的同时加总，即可得出一国某一行业基于 GVC 收入的 RCA 指数。

选取美国、德国、日本、英国、法国、韩国、巴西、土耳其、印度 9 国制造业同中国在 GVC 中的国际竞争力进行国际对比与排名分析。原因在于美国、德国、日本、英国、法国为发达国家代表，韩国、巴西为新型工业化国家代表，土耳其、印度与中国同为发展中国家。同以上三类国家进行对比具有较强的现实意义。由于篇幅所限，这里仅列出各国历年基于 GVC 收入的 RCA 均值。各国 2001~2014 年历年基于 GVC 收入的 RCA 均值及排名如表 3-8 所示。

表 3-8　各国 2001~2014 年基于 GVC 收入的 RCA 指数均值

行业/国家	中国	美国	德国	日本	英国
食品、饮料制造及烟草业	0.8560	0.6176	0.6381	1.1156	0.3506
纺织品及服装制造业	3.0974	0.3180	0.3035	0.1695	0.9816
木材加工及木制品	1.7041	0.4757	2.4690	0.2882	0.1902
造纸、印刷及出版业	0.6951	1.1257	3.9567	2.3130	0.5405
石油精炼及核燃料	0.8542	1.1165	0.9061	0.4750	1.7634
化学原料及化学制品制造业	0.6850	1.0643	0.9359	2.9695	1.2239
橡胶与塑料制品	0.6967	0.7380	1.0159	0.6496	1.1879
非金属矿物制品业	1.1389	0.5731	1.0095	0.6223	0.5064
金属冶炼及压延加工业	0.7403	0.7785	1.2213	0.6730	1.0466
机械制造业	0.5244	0.9752	2.0038	0.5090	0.9652
电子及光学设备制造业	0.7359	1.8016	1.7779	1.4400	2.4033
交通运输设备制造业	0.3874	1.1286	0.8079	1.3223	0.5818

续表

行业/国家	法国	韩国	巴西	土耳其	印度
食品、饮料制造及烟草业	1.4964	0.8997	1.3786	1.0580	0.8716
纺织品及服装制造业	1.6435	1.7344	2.0661	6.3426	1.1247
木材加工及木制品	6.2116	1.0216	1.1666	0.6091	0.4570
造纸、印刷及出版业	0.8629	0.8199	0.7350	0.7783	0.3120
石油精炼及核燃料	0.4225	0.8026	1.5105	0.8425	1.2523
化学原料及化学制品制造业	0.6037	1.1573	0.6880	0.6793	0.6227
橡胶与塑料制品	0.8439	1.0855	0.6083	1.2808	0.4652
非金属矿物制品业	1.4326	1.7073	1.6681	2.9025	0.7826
金属冶炼及压延加工业	0.5879	1.4474	1.0568	1.2922	0.6354
机械制造业	0.5079	1.8874	0.7624	1.0127	0.2861
电子及光学设备制造业	0.9826	1.1229	0.2897	0.4190	0.1695
交通运输设备制造业	0.6109	1.0702	0.3265	0.4305	0.2962

资料来源：根据世界投入产出数据库公布的世界投入产出表计算整理而得。

　　总体来看，选取的中国制造业在 GVC 中的国际竞争力水平较低，除了纺织品及服装制造业、木材加工及木制品、非金属矿物等少数行业国际竞争力较强外，其余制造业行业国际竞争力均较弱，如造纸、印刷及出版业仅相当于德国的 1/5 左右，化学原料及化学制品制造业仅相当于日本的 1/4 左右等。

　　从具体行业上来看，中国在参与纺织品及服装制造业、木材加工及木制品、非金属矿物制造业等行业的 GVC 分工中具有较强的竞争力，纺织及服装制造业国际竞争力仅次于土耳其。主要原因是中国这些行业具有较强的比较优势，能够获取较多的分工利益份额；中国在食品、饮料制造及烟草业、造纸、印刷及出版业、石油精炼及核燃料、化学原料及化学制品制造业、橡胶与塑料制品业、金属冶炼及压延加工业、机械制造业、电子及光学设备制造业、交通运输设备制造业等行业的 GVC 分工不具有国际竞争力，主要原因在于对信息、技术、管理、服务等"软"生产要素的重视严重不足。中国食品、饮料制造及烟草业、造纸、印刷及出版业、橡胶与塑料制品业过于注重企业产品的生产能力，市场营销与品牌建设能力较为薄弱，无法占据 GVC 高端环节，阻碍了国际竞争力的提升。石油精炼及核燃料、金属冶炼及压延加工业等行业产品的生产过程中缺乏有效的管理，且运用的现代科学技术较少，生产效率不高，导致其在加工组装环节缺乏竞争力，获利能力不强。化学原料及化学制品制造业、机械制造业、电子及光学设备制造业、交通运输设备制造业具有一定的产品生产能力，但研发设计、市场营销、品牌建设等能力严重不足，阻碍了该类制造业行业向 GVC 高端环节的攀升，对战略环节缺乏控制力，无法把握话语权。

3.2　基于结构软化的动态比较优势

中国制造业整体缺乏国际竞争力，并且处于全球价值链分工体系中低端，获取的贸易利益极为有限。改变这一现状的重要途径在于增加中国制造业的生产性服务投入。生产性服务中所内含的知识、技术和人力资本是难以竞争和模仿的。生产性服务对制造业中间投入的增加能够使得制造业在发展过程中对体力劳动和物质资源的消耗相对减少，对脑力劳动、科学技术知识的消耗相对增加，从而在制造业内部对服务、信息、技术和管理等"软要素"的依赖程度不断加深，使得制造业的产业结构不断向"软化"趋势调整。产业结构软化度的提升使中国制造业能够在很大程度上避免各种有形要素成本上升这一现实问题，增加制造业产品的利润空间，提高其国际竞争力。

3.2.1　静态比较优势与大国发展战略

静态比较优势理论主要包括大卫·李嘉图的比较优势理论及赫克歇尔与俄林的要素禀赋理论。静态比较优势理论认为每个国家应专业化生产并出口自己具有比较优势的产品并进口具有比较劣势的产品，从而获得比较利益[①]。改革开放以来，中国制造业充分利用比较优势，采取了粗放式的增长模式，在生产过程中投入了大量劳动力、自然资源等有形生产要素，实现了中国制造业 40 年的高速增长，创造了世界经济的增长奇迹。但是，比较优势理论更多的是适用于一个国家的对外贸易战略。对于中国而言，由于过去 40 年的发展外贸依存度比较高，因而比较优势理论也有着重要

---

① 大卫·李嘉图：《政治经济学及赋税原理》，华夏出版社 2013 年版。

的现实意义。但是，依赖粗放式增长模式换取贸易利益也带来较多的负面效应：第一，给资源和环境带来了较大的压力，使得制造业的发展不可持续。第二，导致了制造业的产能过剩和重复建设问题。第三，过分注重增长数量，忽略了增长的质量和效益，表现为全要素增长率过低。且人口红利、资源红利、市场化改革红利、对外开放红利的逐渐消退标志着中国制造业传统增长红利时代的结束，如果继续以静态比较优势理论来指导中国制造业的发展，则会与中国制造业国际竞争力提升的客观要求相悖，将使中国制造业长期在国际贸易和分工中处于不利的被动地位，居于发达国家之后，永无出头之日。由静态比较优势构成的国际竞争力正在逐渐减弱，而由竞争优势构成的国际竞争力正在逐渐被强化，新增长红利时代已经到来。中国作为发展中的大国，其制造业的发展战略思路应从比较优势向竞争优势转变，制定发展战略要根据市场需求和国家发展的需要，而不仅仅是比较优势。应不断加大供给侧结构性改革力度，创造制造业新增长红利时代发展所需的动态比较优势。

作为发展中的大国，中国制造业从比较优势向竞争优势转变的战略应包括以下内容：第一，着力优化产业结构，全面提升整体国际竞争力水平。产业结构的优化主要包括不同制造业行业结构的优化及某一类型制造业内部结构的优化。从不同行业结构来看，应逐步降低劳动密集型行业、资本密集型行业比重，不断增加技术密集型行业比重。从某一类型制造业内部来看，应加大研发设计、流程再造、市场营销、品牌建设等"软"环节的比重，降低加工装配等"硬"环节比重。第二，争夺全球高科技发展的制高点。要从"要素投资驱动"向"创新驱动"转变，不断加大教育和研发投入，使中国制造业形成比较完备的自主技术创新体系，利用高新技术对传统产业进行改造和升级并加大对新兴战略产业的培育，全面推动中国制造业的网络化、数字化、智能化、绿色化升级。第三，立足本国市场，不断拓展市场势力范围，争夺全球制造业市场的主导权。作为一个大国，中国发展制造业不能仅仅局限于本国市场，而应该是以本国市场为依托，全力向本国以外的国际市场开拓。制造业企业应加强对国际市场的调研，准确选择海外市场目标。要利用网络技术和大数据对海外市场的商品结构、市场容量、竞争状况、行情变动等信息进行充分了解，从而选择目标市场，精准定位；要不断开拓国际市场网络体系，在核心地区选点，之后通过以点带面的方式形成网络；通过不断增强制造业品牌管理意识、不断创新品牌战略和品牌架构实现品牌经营创新能力的提高。美国、德国、日本等制造业发达国家之所以能够通过国际贸易获取较多比较利益，并能够占据全球价值链两端的高附加值环节获取较多分工所得，其原因为立足于竞争优势发展战略，不断投入现代生产性服务等高级生产要素，使产业结构不断趋向于"软化"。因此，对于中国制造业来说，要想进一步提升国际竞争力水平，争取更多国际贸易和分工利益，最重要的并非在现有的自然资源、廉价劳动力等静态比较优势基础上扩大规模，而是要通过采取各种措施，使制造业在发展过程中逐步增加服务、信息、技术和管理等"软要素"的投入比重，使产业结构不断向高级化方向演进，不断提高制造业发展的质量效益。只有这样，才能够提升中国制造业国际竞争力水平，不断缩小同制造业发达国家之间的差距。

3.2.2　基于结构软化的动态比较优势与中国制造业国际竞争力的提升

提升中国制造业国际竞争力的根本措施在于加大生产性服务对中国制造业的中间投入，使产业结构不断向"软化"趋势调整，从而获取基于制造业结构软化的动态比较优势，改变之前对自然资源、廉价劳动力等低级生产要素的路径依赖，专业化生产并出口高附加值产品，并向全球价值链的高端环节攀升，进一步提升国际竞争力水平。

现代生产性服务中间投入的增加能够使制造业内部对服务、信息、技术和管理等"软要素"的依赖程度不断加深，使"软要素"的附加值和贡献率不断提升。由此产生基于结构软化的动态比较优势，包括成本优势、技术创新优势、服务优势、规模经济优势、产业集聚优势五大优势。这些优势是当前国际经济环境下提升中国制造业国际竞争力的关键，如图 3 - 1 所示。

第一，成本的降低是提升制造业国际竞争力的关键。制造业成本包括生产成本和交易成本，通过不断增加"软要素"的投入，可以实现制造业内部流程再造，实现生产过程与流通过程的有效连接。在很多产业中还可以实现个性化的生产和自动化的物流配送，从而更好地适应消费需求的变化，提高管理的效率，加速资金周转。这样，就可以大幅度地降低生产成本和交易成本。两类成本的降低能够增大制造业的利润空间，从而提升国际竞争力水平。第二，技术创新是提升制造业国际竞争力的重要途径。技术创新能力主要包括技术创新投入能力、技术创新产出能力、二次技术创

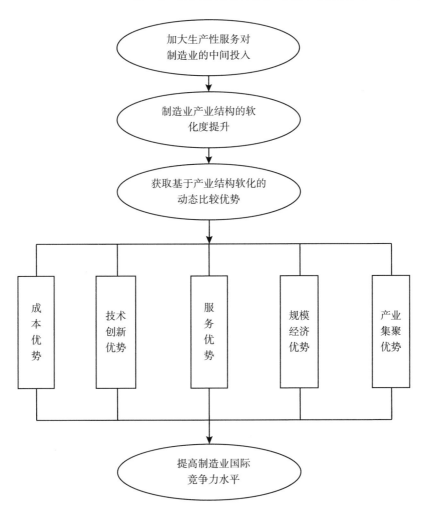

图 3 – 1 基于结构软化的动态比较优势与制造业国际竞争力的提升

新能力。创新投入的增加可以通过创新过程产生创新产品，通过新产品的销售创造利润，从而提高制造业国际竞争力。创新产出能力通常以专利的产出和新产品的销售能力来衡量。创新的产品和专利有利于制造业在国际市场中获得创新竞争优势，从而有助于巩固市场地位，增加利润，提升国际竞争力。二次创新能力是指技术落后国家通过技术引进、吸收消化和自主创新过程后最终缩小与技术发达国家之间技术差距的能力。二次技术创新能力的增强有利于提高产品附加值，获取更多贸易利益，进而提高制造业国际竞争力。第三，服务能力的增强是提升制造业企业国际竞争力的重要手段。这里的服务主要包括制造业产品的市场营销和品牌经营。营销和品牌是制造业产品获得差异化优势，提高附加值从而增强国际竞争力的重要途径。第四，规模经济的实现有助于进一步增强制造业企业国际竞争力。规模经济分为内部规模经济和外部规模经济，二者都能够降低产品的平均成本，同时提高管理人员和技术人员的专业化程度。第五，产业集聚程度的提高有助于进一步提高制造业企业国际竞争力水平。制造业产业集聚度的上升能够在降低成本的同时提高生产效率，并激发企业的创新和升级。

3.3　结构软化视角下生产性服务提升
制造业国际竞争力的作用机理

　　生产性服务对制造业中间投入的增加使制造业结构不断软化，可以通过降低制造业成本、提高制造业技术创新能力、增强制造业服务能力、形成制造业规模经济效应和提升制造业产业集聚水平五种途径提升中国制造业国际竞争力水平。

3.3.1　降低生产成本与交易成本

1. 生产性服务能够降低制造业的生产成本

　　制造业的生产成本包括固定成本和可变成本。一方面，随着社会分工不断深化，制造业企业要实现利润最大化目标就必须改变传统的全能式生产模式，由生产性服务中的部分行业来承接制造业企业部分非核心服务环节，使制造业企业能够更加专注于核心制造环节与研发、设计、品牌和营销等核心服务环节。这就能够大大降低企业固定成本，且有利于企业核心竞争力的形成。另一方面，社会分工的深化使得市场规模不断扩大，生产性服务业能够实现规模经济，使得其提供专业化服务的成本降低，从而降低制造业的可变成本。

　　第一，生产性服务中的信息传输、计算机服务与软件服务等能够有效降低制造业的生产成本。该行业能够通过技术创新改变制造业的生产方式。如信息通讯技术广泛应用于制造业的生产全过程，包括：市场调研、产品研发设计、生产组织、库存管理、售后服务等，从而可以在很大程度上优化制造业产业链，减少生产过程中的资源消耗，降低生产成本。

第二，生产性服务中的科学研究和综合技术服务能够有效降低制造业的生产成本。该行业提供的产品以知识产权产品为主，然而此类行业在进行自主研发时往往风险较大。因此，当制造业企业内部拥有该类生产性服务部门时，由于研发周期长和研发成本高等因素而使得制造业企业承担较大的风险。专业的研发公司往往能够同时进行多个研发项目，且分工比较专业，从而可以降低风险发生的概率和提高风险承受能力。若制造业企业将研发环节外包给专业的研发公司，则能够在很大程度上规避由于不确定性带来的风险，节约制造业企业的生产成本。

2. 生产性服务能够降低制造业的交易成本

随着社会分工不断细化和深化，制造业企业之间以及制造业和其他产业之间所交易的产品种类不断增多，必然导致各种交易成本的上升。生产性服务能够通过降低制造业企业管理成本、信息搜寻成本、资金流转成本等途径降低制造业的交易成本。

第一，生产性服务中的商务服务能够降低制造业的交易成本。商务服务中的企业管理服务能够为制造业企业管理者分析经营过程中存在的问题，制定一系列企业管理策略，执行管理方案，从而有效降低制造业企业的管理成本、提高企业管理效率；商务服务中的咨询与调查服务机构往往具备专业的数据库，能够以较小的成本为制造业企业提供各类交易所需的信息，从而有效降低制造业企业的信息搜集成本。

第二，生产性服务中的金融服务能够降低制造业的交易成本。由于制造业企业需要大量的固定资产投资，生产过程中往往需要较多的资金投入。金融服务机构作为企业资金来源的重要渠道之一，能够为制造业企业提供专业的信贷业务及支付服务，以及对企业进行较为专业化的资本运营，从而在很大程度上提高企业资金的流动速度。此外，金融服务机构能够针对制造业企业的各种需求创造出一系列的金融工具，可以将更多资金注入制造业企业，从而降低了制造业企业的资金流转成本。

3.3.2　提高技术创新能力

技术创新在制造业的发展过程中起着不可或缺的作用，是提升制造业核心竞争力的重要途径。技术创新能力不足是中国制造业发展的瓶颈。中国制造业技术创新能力与发达国家相比较弱。主要体现在以下两个方面：第一，中国制造业研发投入强度较低。中国研发强度与美国、德国等发达国家相比处于较低的水平，与巴西等新兴工业国家相比也存在一定的差距。第二，中国制造业的专利申请与授权不均衡，发明专利所占比重偏低。专利的申请和授权情况是反映一国制造业技术创新产出能力的主要指标，然而中国专利申请量与专利授权量的差距随时间逐渐拉大。生产性服务通过与制造业结合，将大量的人力资本和知识资本融入制造业的生产过程，可以促进制造业技术创新水平的提高。生产性服务通过加强技术创新投入能力、技术创新产出能力和二次技术创新能力等途径提高制造业的技术创新能力。

第一，生产性服务能够加强制造业技术创新投入能力。技术创新投入包括自主创新活动中的经费投入和科技人员投入。生产性服务中的金融服务是制造业技术创新资金的重要来源。金融机构支持制造业技术创新已成为新形势下中国经济发展的重要内容之一。中国制造业技术创新来自金融机构的资金包括三个方向：银行贷款、金融市场融资、创业资本的投入；生产性服务业中的科学研究与综合技术服务部门则为制造业带来了大量的研发人员。

第二，生产性服务能够提高制造业技术创新产出能力。技术创新产出能力是指通过技术创新使企业降低成本、创造市场和产生收益的能力，是制造业创新能力的最终体现。创新过程的顺利进行需要依靠人力资本和知识资本等高级生产要素。生产性服务业中的科研人员往往具备一定的研发能力，能够将创新投入通过创新过程转化为创新产出，表现为一定数量的专利和新产品。因此，生产性服务对制造业中间投入的增加能够提升制造业的技术创新产出能力。

第三，生产性服务能够提升制造业二次技术创新能力。二次技术创新能力是指随着国际技术转移和合作创新日益深化发展，技术落后国家通过技术引进、吸收消化和自主创新过程后最终缩小与技术发达国家之间技术差距的能力。中国制造业由于整体技术水平不高，吸收能力不强，往往短期内不能吸收从发达国家引进的先进技术。生产性服务为制造业提供了大量的人力资本和知识资本，能够在很大程度上提升制造业企业的吸收能力，从而使制造业企业能够在短期内吸收来自发达国家的先进技术。

3.3.3 提高服务能力

制造业产品一般具有较高的同质性，随着国际市场竞争的加剧，制造业企业的利润空间会进一步被压缩，国际竞争力水平会降低。提升制造业企业服务能力，提供差异化产品，获得产品差异化优势是解决这一问题的重要途径。制造业的服务能力包括企业营销能力、品牌经营能力。中国制造业企业服务能力较为薄弱，最为突出的是品牌经营能力严重不足，缺乏国际知名品牌，中国制造业品牌与发达国家相比在数量和质量上都存在着巨大差距。生产性服务中的高级人力和知识资本能够形成一定的品牌建设能力和市场控制能力，这将大大提升制造业产品的附加值，并逐渐减少对制造环节的依赖，提升制造业产品国际竞争力。生产性服务通过提升营销能力、品牌经营能力等途径提高制造业服务能力。

第一，生产性服务业中的营销服务部门能够提高制造业企业的营销能力。营销服务部门能够从以下几个方面提升制造业企业营销能力：把握潜在需求的时效性、隐蔽性、差异性等特点，最大限度挖掘潜在市场需求并将其转化为现实需求；通过选定产品市场范围、列举潜在客户需求、分析潜在客户的不同需求、制定相应的营销策略等做好市场细分；通过新闻营销与社会媒体相结合、视频营销与广告营销相结合的方法实施整合营销，从而最大化地满足消费者需求；综合考虑产品结构、价格体系、客户对象、营销渠道、推广宣传等因素，从单一、固定的营销方式转变为多方位、多层次的立体式营销模式。

第二，生产性服务业中的品牌服务部门能够提高制造业企业的品牌经营能力。品牌服务部门提升制造业企业品牌经营能力体现在以下几个方面：帮助制造业企业树立正确的品牌管理意识，包括规划科学合理的品牌化战略与品牌架构；帮助制造业企业进行科学准确的品牌定位，从主客观条件和因素出发，寻找合适的目标消费者。根据新产品发展的趋势，引导目标消费者产生新的消费需求，形成新的品牌定位。此外还能帮助企业避免一些品牌定位的误区；帮助制造业企业加强品牌的法律保护，加强商标的注册工作，使品牌获得法律保护。

3.3.4 形成规模经济效应

制造业企业规模的扩大可以进一步降低成本、提高效率，增强制造业国际竞争力。因此，在全球经济一体化日益加剧的今天，没有强大的生产规模就很难掌握国际竞争中的主动权。由于中国制造业企业起点低，发展时间短，中国制造业企业规模还普遍偏小，规模经济远未实现。生产性服务的不断发展能够帮助产业集群内的制造业企业形成规模经济。生产性服务可以分别从外部规模经济和内部规模经济两个角度促进制造业企业形成规模经济。

第一，生产性服务能够促进制造业企业形成外部规模经济。生产性服务业与制造业不断互动与融合，将大量人力资本与知识资本等高级生产要素融入制造业产业集群，可以提升产业集群的技术创新能力和服务水平，从而增强产业集群的内生性，有助于产业规模的扩大。行业整体规模的扩大能够降低单个企业的平均生产成本，从而提高国际竞争力。

第二，生产性服务能够促进制造业企业形成内部规模经济。生产性服务业的部分行业能够通过承接制造业企业部分非核心服务环节，如法律服务、金融服务等，使制造业企业更加专注于核心制造环节与研发、设计、品牌和营销等核心服务环节，有利于制造业企业自身规模的扩大，使单位产品的平均成本下降，提高国际竞争力水平。

3.3.5 提升产业集聚度

产业集聚能够提高制造业企业生产效率、降低成本并促进企业的创新和升级，是提高制造业国际竞争力的重要途径之一。中国制造业因受市场规模、城市化水平、基础设施等因素制约，集聚程度不高，严重制约了其国际竞争力的提升。生产性服务能够通过降低区域内企业的生产成本和交易成本，增加同类企业在相关地区的集聚程度，从而提升区域产业集聚度。

第一，生产性服务能够降低区域内制造业企业的生产成本。生产性服务业中的部分行业能够分离制造业企业的内部核心与非核心环节，能够降低企业固定成本的同时扩大企业自身规模，降低单位平均成本；生产性服务中的研发设计部门能够设计出具有多种功能的生产设备，可以同时生产多种产品，实现范围经济，从而降低单位产品的研发成本。

第二，生产性服务能够降低区域内制造业企业之间的交易成本。商务服务业中的管理服务能够有效降低制造业企业的管理成本。咨询与调查服务能够降低制造业企业的信息搜寻成本；金融服务能够通过提供信贷服务和金融衍生工具降低制造业企业资金流转成本；交通运输服务能够有效降低制造业企业的运输成本等。生产性服务有效降低了区域内企业的各种交易成本，从而增强了相关地区的吸引力，使其他地区成本较高的企业向该地区集聚。

生产性服务与结构软化提升制造业国际竞争力的作用机理如图3-2所示。

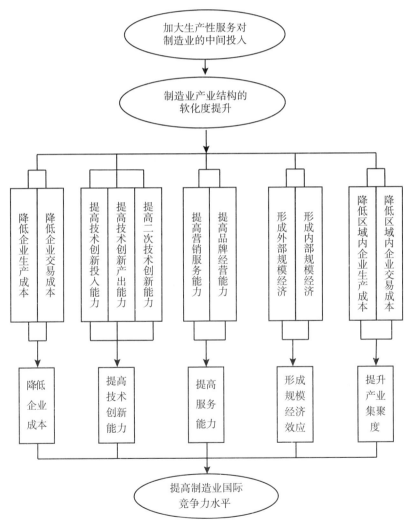

图3-2　生产性服务、结构软化提升制造业国际竞争力的作用机理

3.4 "软要素"提升中国制造业国际
竞争力的具体分析

鉴于篇幅，本书仅以技术创新和管理创新为例进一步对"软要素"提升中国制造业国际竞争力的作用进行具体分析。

3.4.1 技术创新与中国制造业国际竞争力的提升

在经济全球化的新一轮国际竞争中，技术创新已成为提升中国制造业国际竞争力的关键因素。但是，中国制造业技术创新能力不强，集中表现为中国制造业技术创新投入能力、技术创新产出能力及创新动力不足。本节将制造业产业自身作为创新主体，从制造业技术创新能力体系和支撑体系两个层面分析技术创新与制造业国际竞争力的内在联系，并实证检验了二者的相关性（见图3-3）。

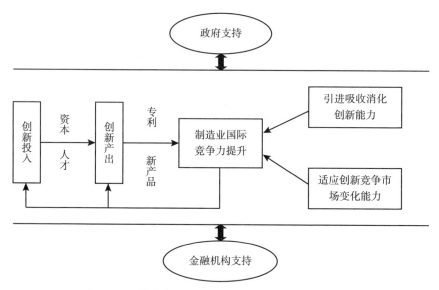

图3-3 技术创新对制造业国际竞争力的影响机制

1. 理论分析

任何产业技术创新都不是单一和封闭的，而是一个以产业为主体的复杂的相互作用网络，既包括产业内部技术创新能力体系，又包括产业外部技术创新支撑体系。其中前者是影响产业技术创新的基本因素，后者对产业技术创新具有重要的辅助作用。同样，制造业技术创新除了需要内部的技术创新能力体系外，还需要外部的技术创新支撑体系来支持。因此，要提高制造业国际竞争力水平，必须同时考虑制造业技术创新能力体系和支撑体系。技术创新能力体系包括创新投入能力、创新产出能力、引进与吸收消化再创新能力、适应创新竞争市场变化能力；技术创新支撑体系包括政府支持力度、金融机构支持力度、二者的交互项等①。

首先，增强制造业技术创新能力体系是提升制造业国际竞争力的关键。

创新投入能力是指企业对研究与开发的自主创新活动中的经费投入和科技人员投入的能力，是制造业技术创新能力的重要体现。创新投入的增加可以通过创新过程产生创新产品，通过新产品的销售创造利润，从而提高制造业国际竞争力水平。

创新产出能力是指通过技术创新使企业降低成本、创造市场和产生收益的能力，是制造业创新能力的最终体现。通常以专利的产出和新产品的销售能力来衡量。创新的产品和专利有利于制造业在国际市场中获得创新竞争优势，从而有助于巩固市场地位，增加利润，提升国际竞争力。

引进与吸收消化再创新能力是指随着国际技术转移和合作创新日益深化发展，技术落后国家通过技术引进、吸收消化和自主创新过程后最终缩小与技术发达国家之间技术差距的能力。经济全球化发展过程中，技术引进和消化有利于提高发展中国家技术创新能力，从而提高产品附加值，获取更多贸易利益，进而提高制造业国际竞争力。

适应创新竞争市场变化能力是指一国特定产业在面对激烈的国际创新竞争市场时为了占有一席之地或获取更多市场份额而采取的各种适应性改变的能力。通常以劳动生产率和市场占有率来衡量。在新一轮国际竞争中，如果中国制造业能够提高这种能力，则其就能够在创新竞争环境中扩大自己在国际市场中的产品份额，从而提高盈利水平，增强国际竞争力。

---

① 交互项主要用来反映政府和金融机构同时对制造业企业技术创新活动进行支持的效果。

其次，加强制造业技术创新支撑体系对于实现可持续创新，不断提升国际竞争力具有非常重要的作用。

政府支持是制造业技术创新支撑体系的重要组成部分。一方面，政府是制造业技术创新的管理者，要积极引导企业，使其成为技术创新的主体；另一方面，政府要做好制造业技术创新的后勤服务，主要体现在通过财税措施促进制造业技术创新，营造自主创新气氛，提供创新平台。制造业技术创新过程中会遇到资金缺乏等一系列问题，严重困扰着技术创新的顺利开展和稳步推进，政府的支持有利于促进制造业技术创新又好又快地发展，进而提高其国际竞争力。

金融机构支持是制造业技术创新支撑体系的另一重要组成部分。金融机构支持技术创新已成为新形势下中国经济发展的重要内容之一。根据中国实际情况，中国制造业技术创新来自金融机构的资金主要包括三个方向：银行贷款、金融市场融资、创业资本的投入。其中商业银行能够在较大风险范围内为技术创新提供资金支持。金融机构的资金是制造业技术创新资金来源的重要补充，并为其提供更有利的融资环境，从而更好地促进技术创新，在很大程度上提高了制造业国际竞争力。

政府支持和金融机构支持的交互项代表了政府和金融机构两个主体共同发挥作用时对技术创新所带来的实际效果。交互项对制造业国际竞争力所带来的影响是不确定的。政府和金融机构分别发挥作用时均有利于制造业技术创新和提高其国际竞争力，但放在一起则可能由于合成谬误使得二者带来的效应变得不确定，从而使得其提升或降低制造业国际竞争力的可能性同时存在。

最后，在分析技术创新对制造业国际竞争力的影响机理时，要充分考虑其他与国际竞争力密切相关的因素，以剔除这些因素对被解释变量的影响，从而最小化遗漏变量所带来的负效应。

制造业行业规模与其国际竞争力存在密切的关系。行业规模的扩大，可以进一步降低成本、提高效率，增强国际市场竞争力；同样，随着行业生产规模的扩大，边际效益却渐渐下降，甚至跌破零成为负值，导致制造业国际竞争力下降。

制造业来自发达国家的 R&D 外溢同样与国际竞争力密切相关。获得发达国家的 R&D 技术溢出不一定能够提升本国制造业的国际竞争力，只有当本土产业具有较强吸收能力时才能较好地吸收来自发达国家的 R&D 溢出。

制造业市场开放度，是指一国在一定时期内制造业的进出口额与 GDP 之比，反映了外国的劳动、资本、土地、企业家才能等各种生产资料在本国范围内被允许进行的交换活动的开放程度。实践证明，对外开放，向国外学习先进经验，在很大程度上提升了中国制造业国际竞争力与影响力。

2. 行业选取、指标测定与数据来源

（1）行业选取。考虑到数据的可得性与完整性，选取了中国制造业 25 个行业为研究对象①。具体包括食品加工和制造业，饮料制造业，烟草制品业，纺织业，纺织服装、鞋、帽制造业，皮革、毛皮、羽毛（绒）及其制品业，木材加工及木、竹、藤、棕、草制品业，家具制造业，造纸及纸制品业，印刷业和记录媒介的复制、文教体育用品制造业，石油加工、炼焦及核燃料加工业，化学原料及化学制品制造业，医药制造业，橡胶制品业，塑料制品业，非金属矿物制品业，黑色金属冶炼及压延加工业，有色金属冶炼及压延加工业，金属制品业，通用设备制造业，专用设备制造业，交通运输设备制造业，电气机械及器材设备制造业，通讯设备、计算机及其他电子设备制造业，仪器仪表及文化、办公用机械制造业。同时将以上行业分为劳动密集型、资本密集型、技术密集型行业三类，分别考察每类制造业技术创新与国际竞争力的关系。其中劳动密集型行业包括食品加工和制造业，饮料制造业，烟草制品业，纺织业，纺织服装、鞋、帽制造业，皮革、毛皮、羽毛（绒）及其制品业，木材加工及木、竹、藤、棕、草制品业，家具制造业，造纸及纸制品业，印刷业和记录媒介的复制、文教体育用品制造业，橡胶制品业，塑料制品业，非金属矿物制品业；资本密集型行业包括石油加工、炼焦及核燃料加工业，黑色金属冶炼及压延加工业，有色金属冶炼及压延加工业，金属制品业，电气机械及器材设备制造业；技术密集型行业包括化学原料及化学制品制造业，医药制造业，通用设备制造业，专用设备制造业，交通运输设备制造业，通讯设备、计算机及其他电子设备制造业，仪器仪表及文化、办公用机械制造业。

（2）指标测定。本书采用显示性比较优势指数来衡量中国制造业产品的国际竞争力水平。对于制造业技术创新能力体系：选取创新经费投入力度作为创新投入能力的量化指标，计算公式为：行业 R&D 经费支出金额/

---

① 考虑到数据的可得性与完整性，将化学纤维制造业、废弃资源和废旧材料回收加工业及工艺品和其他制造业剔除。

行业当年销售收入；选取新产品销售收入比例作为创新产出能力的量化指标，计算公式为：行业当年新产品销售收入额/行业当年销售收入；选取消化吸收经费比例作为引进与吸收消化再创新能力的量化指标，计算公式为：行业消化吸收经费/行业技术引进经费；选取全员劳动生产率作为适应创新竞争市场变化能力的量化指标，计算公式为：某一制造业行业工业增加值/该行业全部从业人员平均人数。对于制造业技术创新支撑体系：选取某一行业获取的政府资金占该行业科技活动经费总额之比作为政府支持力度的量化指标；选取某一行业获取的金融机构贷款数额占该行业科技活动经费总额之比作为金融机构支持力度的量化指标；选取政府支持力度×金融机构支持力度作为政府与金融机构支持交互项的量化指标，其计算公式为行业获取的政府资金数额×行业获取的金融机构贷款数额/行业获取的科技活动经费筹集总额的平方项。对于控制变量：选取行业产品销售收入作为制造业行业规模的量化指标，用以剔除行业生产规模变化对制造业国际竞争力的影响；选取行业 R&D 显性溢出额作为中国制造业来自发达国家的 R&D 外溢的量化指标，用以剔除发达国家通过对中国的出口贸易渠道所带来的技术外溢对中国制造业国际竞争力的影响。根据已有的中国制造业总体获取来自发达国家制造业显性溢出额计算公

式：$ERS = \dfrac{m_i}{y_i} \cdot \sum_j \dfrac{m_{ij}}{m_i} RD_j$，其中 RD_j 是指 j 国（技术溢出国）制造业

R&D 投资存量，m_{ij} 为 i 国从 j 国的进口额，m_i 为 i 国的进口总额，y_i 为 i

国的 GDP 产值，$\dfrac{m_i}{y_i}$ 为进口依存度，可以得出中国制造业某一行业获取的

来自发达国家制造业显性溢出额；选取进出口贸易额比例作为制造业市场开放度的量化指标，用以剔除行业对外开放所带来的对制造业国际竞争力的影响，其计算公式为：行业进口总额 + 行业出口总额/行业工业总产值。

（3）数据来源。RCA 指数值所要求计算的原始资料来源于联合国贸易与发展会议数据库，按照国际贸易标准分类（SITC）与《国民经济行业分类代码》中制造业行业的对应关系进行整理和计算，其中的对应关系以盛斌（2002）的分类标准为依据。

考虑到数据可得性的限制及各变量选取年份的一致性，制造业技术创新能力体系、制造业技术创新支撑体系中的各项指标、控制变量中的制造业行业规模是根据《中国科技统计年鉴》2002～2015 年各期数据计算而

得；来自发达国家制造业行业的 R&D 外溢是根据《中国科技统计年鉴》、OECD Statistics①2001～2014 年各期数据计算而得，制造业市场开放度是根据联合国贸易与发展会议数据库 2001～2014 各期数据、《中国科技统计年鉴》2002～2015 各期数据计算而得。

3. 模型设计、基本实证结果与分析

（1）模型设计。本书以反映制造业国际竞争力的 RCA 指数为模型的被解释变量，以制造业技术创新能力体系中的创新经费投入力度等量化指标，以制造业技术创新支撑体系中的政府资金支持等量化指标，以控制变量中的行业销售收入等量化指标作为模型的解释变量，利用 State10 计量软件对被解释变量与解释变量进行实证分析；同时，为消除异方差、采取弹性分析，对被解释变量与解释变量分别取对数。模型的基本形式为：

$$\ln RCA_{it} = \beta_0 + \beta_1 \cdot \ln FIIF_{it} + \beta_2 \cdot \ln PNPS_{it} + \beta_3 \cdot \ln PDAF_{it} + \beta_4 \cdot \ln OLP_{it}$$
$$+ \beta_5 \cdot \ln SGF_{it} + \beta_6 \cdot \ln SFIL_{it} + \beta_7 \cdot \ln SGF_{it} \cdot \ln SFIL_{it}$$
$$+ \beta_8 \cdot \ln PSRI_{it} + \sum_{s=0}^{2} \gamma_s \cdot \ln ERS_{i,t-s} + \beta_9 \cdot \ln PIETV_{it}$$
$$+ \gamma_i + \gamma_t + \varepsilon_{it} \tag{3.10}$$

其中，β_0 表示常数项，β_1、β_2、β_3、β_4、β_5、β_6、β_7、β_8、γ_0、γ_1、γ_2、β_9 为待估参数，下标 i，t 分别表示观测样本和时间，被解释变量为 RCA（显示性比较优势），解释变量为 FIIF（创新经费投入力度）、PNPS（新产品销售收入比例）、PDAF（消化吸收经费比例）、OLP（全员劳动生产率）、SGF（政府资金支持力度）、SFIL（金融机构贷款支持力度）、SGF * SFIL（政府与金融机构支持交互项）、PSRI（行业产品销售收入）、ERS（R&D 显性溢出额）、PIETV（进出口贸易额比例），γ_i、γ_t 分别表示行业和时间固定效应。

为了避免模型设定的偏差，改进参数估计的有效性，需要对模型设定的合理性进行检验。

首先，样本数据究竟是使用混合回归模型还是个体效应模型估计，可以通过沃尔德（wald）检验来完成。其检验原假设为不存在个体效应，使用混合回归来估计面板数据。制造业整体、劳动密集型行业、资本密集型行业、技术密集型行业检验结果均拒绝原假设，应采用个体效应模型来估计。

---

① 数据库详见 http：//www.oecd.org。

其次，在运用面板数据进行实证研究时，要判断应该使用固定效应模型还是随机效应模型，这是一个基本问题。若要判断模型采用哪一种较为合适，常见的方法是进行豪斯曼检验。豪斯曼检验（Hausman，1978）原假设为个体异质性的截距项与所有解释变量不相关。制造业整体、劳动密集型行业、资本密集型行业、技术密集型行业回归结果均拒绝原假设，应采用个体固定效应模型估计。

最后，还要考虑面板数据模型估计是否存在组间异方差和组内自相关问题，应分别采用沃尔德检验的 LR 统计量和伍尔德里奇（Wooldridge）提出的 F 统计量来检验。检验结果表明资本密集型行业存在组间异方差和组内自相关问题，应采用更为有效的可行广义最小二乘法（Feasible Generalized Least Squares，FGLS）进行估计。

（2）基本实证结果与分析。表 3 - 9 列出了制造业整体、劳动密集型行业、资本密集型行业、技术密集型行业的回归结果。

表 3 - 9　　　　制造业技术创新与其产品国际竞争力回归结果

解释变量	制造业整体	劳动密集型行业	资本密集型行业	技术密集型行业
	FE	FE	FGLS	FE
FIIF	0.0588 ** (2.19)	0.0333 * (1.79)	0.1206 ** (2.14)	0.1806 *** (2.62)
PNPS	0.0933 ** (2.47)	0.0501 (1.03)	0.0815 ** (2.44)	0.1602 *** (3.58)
PDAF	0.0655 ** (2.31)	0.0246 * (1.89)	0.3749 * (1.74)	0.2304 *** (2.96)
OLP	0.0235 (1.35)	0.0101 (0.91)	0.1662 * (1.68)	0.1923 ** (2.01)
SGF	0.1335 ** (2.28)	0.1025 * (1.86)	0.1253 * (1.89)	0.1771 ** (2.57)
SFIL	0.0926 *** (5.92)	0.0706 (0.33)	0.0302 (1.22)	0.1223 ** (2.04)
SGF * SFIL	- 0.1674 ** (- 2.57)	- 0.0866 ** (- 2.12)	- 0.1358 ** (- 2.29)	- 0.0912 * (- 1.75)

续表

解释变量	制造业整体	劳动密集型行业	资本密集型行业	技术密集型行业
	FE	FE	FGLS	FE
PSRI	0.0883 * (1.81)	0.0225 * (1.70)	0.3215 ** (2.13)	0.2910 ** (2.25)
ERS	−0.0467 (−0.18)	−0.0108 * (−1.90)	0.0504 (1.54)	0.1125 ** (2.27)
L. ERS	0.1155 ** (2.13)	0.0304 (1.46)	0.0905 * (1.75)	0.0936 (0.08)
L (2) . ERS	0.0935 ** (2.00)	0.0508 (0.09)	0.0816 ** (1.98)	0.1423 (1.40)
PIETV	0.3655 ** (2.06)	0.2206 *** (3.52)	0.6506 ** (2.45)	0.7216 ** (2.28)
行业	控制	控制	—	控制
时间	控制	控制	—	控制
似然比异方差 检验统计量			237.20 ***	
伍尔德里奇自相 关检验统计量			6.208 **	
豪斯曼检验统计量	14.09 **	75.94 ***		35.59 ***

注：表中各项结果是根据 state10 软件计算而得；"＊""＊＊""＊＊＊"分别代表系数在 10%、5% 和 1% 水平下通过显著性检验。

　　从技术创新能力体系来看，创新经费投入力度在制造业整体、劳动密集型行业、资本密集型行业、技术密集型行业中均通过了显著性检验，系数为正与预期相符。说明创新投入增加能够通过创新过程生产创新产品来创造利润，达到提高制造业国际竞争力的目的。新产品销售收入比例在制造业整体、劳动密集型行业、资本密集型行业、技术密集型行业中均通过了显著性检验，系数为正与预期相符。创新的产品和专利有利于制造业在国际市场中获得创新竞争优势，从而增加利润，提升国际竞争力。技术密集型行业通过提高技术创新投入能力、技术创新产出能力增强自身国际竞争力的效果比劳动密集型、资本密集型效果更加明显；消化吸收经费比例在制造业整体、劳动密集型行业、资本密集型行业、技术密集型行业中均通过了显著性检验,系数为正与预期相符。说明引进与吸收消化再创新能力是中国缩小与技术发达国家之间技术差距,获取更多贸易利益,提高制造业国际竞争力的重要途径。技术密集型行业通过二次技术创新提升自身国际竞争力的效果比劳动密集型行业、资本密集型行业更加明显,原因在于技术密集型行业具有较强的技术创新能力,能够较好地吸收来自发达国家的先进技术;全员劳动生产率在资本密集型行业、技术密集型行业中通过了显著性检验,系数为正与预期相符。在制造业整体和劳动密集型行业中没有通过显著性检验,说明中国劳动密集型行业目前技术创新能力和水平不足,使得其适应创新竞争市场变化能力较低,在面对激烈的国际创新竞争市场时无法较好地采取各种适应性改变去占有国际产品市场的一席之地。

从制造业技术创新支撑体系来看:政府资金占行业科技活动经费总额比例在制造业整体、劳动密集型行业、资本密集型行业、技术密集型行业中均通过了显著性检验,系数为正与预期相符。政府是制造业技术创新的管理者和服务者,其支持有利于促进制造业创新又好又快地发展,对提升中国制造业国际竞争力起着重要的推动作用。技术密集型行业这种效果更加明显,原因在于技术密集型行业创新意识较强,能够更好地利用政府资金支持提高自身技术创新水平;金融机构贷款数额占行业科技活动经费总额比例在制造业整体和技术密集型行业中通过了显著性检验,系数为正与预期相符。在劳动与资本密集型行业中没有通过显著性检验。原因在于劳动密集型与资本密集型行业技术创新意识不强,将金融机构的部分创新支持资金用于扩充劳动力和生产设备;政府与金融机构支持交互项在制造业整体、劳动密集型行业、资本密集型行业、技术密集型行业中均通过了显著性检验,系数为负与预期相符。说明中国政府和金融机构在共同支持中国制造业技术创新中可能存在协调方面的问题,从而降低了对制造业技术创新的执行效率。

从控制变量来看:行业产品销售收入在制造业整体、劳动密集型行业、资本密集型行业、技术密集型行业中均通过了显著性检验,系数为正与预期相符,说明中国制造业行业规模的扩大,可以进一步降低成本、提高效率,增强制造业国际竞争力。因而行业规模越大,制造业国际竞争力越高;R&D当期显性溢出额在劳动密集型行业与技术密集型行业中通过了显著性检验,前者系数为负,后者系数为正。说明当某一制造业行业自身技术水平较低时，无法在短时间内吸收来自发达国家的技术外溢。一期与二期显性溢出额滞后项均在制造业整体和资本密集型行业中通过了显著性检验，且系数为正。说明中国部分制造业行业能够逐渐将来自发达国家的技术外溢吸收并转化为自身技术创新能力；进出口贸易额比例在制造业整体、劳动密集型行业、资本密集型行业、技术密集型行业中均通过了显著性检验，系数为正与预期相符。实践证明，对外开放大大提升了中国制造业国际竞争力与影响力。

3.4.2　管理创新与中国制造业国际竞争力的提升

管理创新是一国制造业提升国际竞争力的重要因素。管理创新水平的提高能够推动中国制造业产业结构的优化升级，形成核心竞争优势，不断提高国际贸易和分工所得。因此，在国际市场竞争日益加剧的今天，中国制造业企业要想立于不败之地，须不断地进行管理创新，提升管理水平。然而，中国制造业企业管理水平不高，与发达国家制造业企业仍存在较大差距，主要体现在管理创新意识不足、管理基础工作较为薄弱等，导致了中国制造业企业获利能力不足，阻碍了国际竞争力的进一步提升。本部分分析了管理创新提升制造业国际竞争力的作用机理，并选取华为、海尔、青岛啤酒等国际知名企业作为案例分析了管理创新对制造业国际竞争力的提升作用。

1. 理论分析

管理创新涉及的内容非常丰富，本书从研发管理创新、营销创新、人力资源管理创新、财务管理创新四个方面对管理创新提升制造业国际竞争力的作用机理展开分析①。

（1）研发管理创新与制造业国际竞争力的提升。研发管理创新能够有效降低研发成本，增加企业利润空间。通过不断地创新和改进企业成本控制方法，最大程度降低研发过程中的人力资源成本、原材料成本、试验验证成本、学习成本等，进一步增强企业成本优势，增强国际竞争力；研发管理创新还有利于企业研发资源的优化配置，提高研发效率。很多制造业

---

① 管理创新是一个复杂的系统工程，研究管理创新时一般从两个视角切入，一是从管理功能角度入手；二是按职能部门划分角度入手。本文是从职能部门划分的角度入手研究管理创新。

企业在进行新产品研发时，缺乏市场意识，没有充分地考虑研发的经济效益，平均分配企业研发资源，导致很多科研成果没有市场价值。通过不断调整研发规划，可以避免产品开发的粗放式经营，实现企业研发与市场需求的紧密结合，从而不断优化研发资源配置，提高研发效率，创造更多具有竞争优势的新产品，增强企业国际竞争力水平；研发管理创新能够提高制造业企业产品的质量水平。以技术评审制度为例，很多企业在产品研发设计过程中缺少技术评审环节，导致后期无法纠正前期出现的各种技术缺陷。建立并完善技术评审制度有利于尽早发现产品研发过程中的各种问题，规避技术风险，从而保证产品质量。

（2）营销创新与制造业国际竞争力的提升。营销环节在很大程度上决定了企业的命运，中国制造业企业要在经济全球化竞争中生存并发展，必须根据全球市场的变化不断进行营销创新。营销创新主要包括营销理念创新、营销组织创新、营销策略创新等。营销理念创新是进行营销创新的关键。先进的营销理念对企业持续发展和国际竞争力的提升有着深远的意义。如全球营销理念能够使中国制造业企业在全球价值链中进行合适的定位，获取国际分工所得，从而在全球化浪潮中得以生存和发展；服务营销理念能够使企业从依靠有形产品获取市场份额转变为依靠无形产品争取顾客，从而不断提高产品的附加值，增强国际竞争力水平；绿色营销理念能够使制造业企业采用新技术和工艺生产绿色产品，从而顺应全球绿色革命浪潮，获取利润；营销组织创新能够降低营销组织的运行成本，提高营销活动的盈利空间。此外，营销组织结构的优化能够提高营销效率及企业对市场的反应速度，增加盈利的可能性；通过营销策略的不断创新能够使制造业企业做到扬长避短，充分发挥自身的竞争优势，战胜竞争对手，最大限度获取产品市场份额，提高国际竞争力水平。此外，营销策略创新能够进一步增强企业的应变能力，从而立于不败之地。

（3）人力资源管理创新与制造业国际竞争力的提升。人力资源管理创新是管理创新的核心内容之一，对制造业企业核心竞争优势的形成意义重大。人力资源管理创新有利于降低企业人力资源成本，进一步增大利润空间。人力资源成本主要包括人力资源的取得成本、使用成本、开发成本等。通过不断改进招聘方式和操作流程可以降低企业的人才获取成本；通过不断创新员工使用和管理方法可以降低企业的人才使用成本；通过不断创新和改进员工培训与开发方式可以降低企业人才的开发成本；人力资源管理创新还有利于企业生产经营活动的顺利进行。通过不断调整人力资源规划，确定企业的最佳人力资源需求量，可以实现人力与物质资料的最优结合，从而充分发挥各种生产要素的作用，使生产经营活动能够顺利进行；人力资源管理创新能够有效地调动员工的积极性，提高工作效率，进一步增强企业核心竞争优势。通过不断创新绩效考评方式与薪酬管理制度，科学评价员工对企业的贡献，以此为依据进行物质与精神上的奖励，可以最大限度激发各职能部门员工的积极性，不断提高工作效率，从而进一步增强企业成本优势、技术创新优势、营销优势、品牌建设优势等核心竞争优势，不断扩大产品市场份额，提高国际竞争力水平。

（4）财务管理创新与制造业国际竞争力的提升。财务管理创新是企业管理创新的重要组成部分，是实现企业利润最大化和增强企业国际竞争力的重要途径。财务管理创新主要包括融资创新、资本结构创新、财务风险管理创新等。融资创新能够有效提升制造业企业国际竞争力水平。融资创新有利于不断拓宽企业融资渠道，获取更多资金，从而不断扩大企业规模，实现规模经济优势；融资创新能够不断降低企业融资成本，进一步提高盈利空间。此外，融资创新有利于降低企业内部和外部融资的难度；融资创新能够优化企业与相关单位的关系，从而获取更多的外部支持；资本结构创新有助于增强企业国际竞争优势。资本结构创新能够降低企业的资本成本同时实现企业价值最大化。通过不断调整债务资本与权益资本的相对比重，使资本结构不断趋于合理，能够最大限度降低企业的综合资金成本，同时实现企业价值的最大化；财务风险管理创新是提高企业国际竞争力的重要途径。通过不断地进行财务风险管理创新能够降低企业融资、投资、生产经营等环节中的风险，最大限度减少损失；财务风险管理创新能够为企业提供良好的生产经营环境，有利于提高生产效率，增加企业经济效益。

2. 管理创新提升国际竞争力的成功案例分析

（1）华为集团研发管理创新、营销创新与国际竞争力的提升。华为集团研发管理创新内容主要包括：一是跨部门协同研发的管理理念。该理念是华为研发管理成功的关键。不少企业至今仍认为产品的研发仅仅是研发部门的责任，与其他部门没有直接的联系。华为集团明确提出跨部门协同开发，要求市场、采购、营销、售后等职能部门参与到产品战略规划、产品立项、产品开发等的全过程中来，每个职能部门要承担相应的专业责任并贡献专业价值。跨部门协同研发在华为集团落实到了具体的研发管理活动中，华为集团的各职能部门基本能够进行协同研发管理，从而使得需求变更、技术卡壳等现象逐渐减小，提高了研发效率。二是将技术与产品开发相分离的异步开发模式。技术研发存在较大的风险，技术风险一旦发生会导致成本超标、功能不达标、项目延期等问题，这些问题能够直接影响到产品的上市成功率。因此，应将技术研发与产品研发分离开，先进行技术研发，等技术风险得以控制后，再进行产品开发。华为集团在2006年开始将技术开发与产品开发相分离，由中央研究院负责公司的技术研发，由各产品部门负责公司的产品开发。三是研发管理的持续改进。华为集团很注重研发管理的持续改进，与很多咨询公司合作，进行了流程、绩效等方面的改进，并设立专门的部门负责。在集成产品开发项目实施后，华为集团更加注重研发管理的持续改进，新增了很多专门的部门，如研发流程管理部门、管理工程部门等。相对于很多企业愿意搞"变革"，华为集团更注重改良。高效的研发管理体系有效促进了自主创新能力的提升，使华为集团逐渐形成了技术创新优势，2014年华为集团成为世界申请国际专利最多的公司。强大的技术创新优势提升了华为集团的国际竞争力，使其在产品的国际竞争中占据主动，并不断向全球价值链的高端环节攀升。

市场细分策略是华为集团营销创新的重点。华为集团的市场细分策略分两步进行：第一步，利用"地理差异"将产品打入市场。相对于实力雄厚的跨国公司来说，华为集团在发展初期竞争优势并不明显，在产品、技术、管理、服务方面都与国际巨头相差甚远。当时一线城市的消费市场都被这些竞争对手所占据，因而根据自身的特点，华为集团采取了"地理差异细分"的方式将产品打入市场。在国内市场，华为公司采取了"先易后难"的战略，先从县城切入，再向大城市扩展，在国际市场的开拓中，华为集团采取了相同的策略。华为集团认为，竞争对手往往对边缘地区关注度不足，因而市场一般饱和度不高，找到突破口的难度相对较低。例如1995年华为集团与贝尔在程控交换机上的竞争，华为集团采取了"地理差异"的市场细分策略，选择农村市场及西南、西北等相对欠发达城市作为突破口，轻松获取了这些市场。第二步，利用"标准差异"和"需求差异"巩固已有的市场。随着华为集团技术、服务等方面的竞争优势逐渐增强，产品市场份额逐渐扩大，在一线城市也占据了一席之地。此时，华为采取"标准差异"和"需求差异"等市场细分策略巩固自身的市场地位。例如在3G技术、4G技术等方面，华为集团处于领先地位，采用"标准差异"的市场细分策略。原因在于在这些领域，华为集团的竞争对手对客户没有技术诱惑。而在同国外公司进行竞争时，华为集团通常采取"需求差异"的市场细分策略，如与爱立信、思科等公司相比，华为集团当时在技术上没有绝对优势，因而选择从服务入手，力争在服务上占据优势，能够迅速对客户需求做出反应，从而赢得客户。如外企在国内技术服务部门较少，一旦客户出现各种问题而不能及时派技术人员去现场解决，很容易丢失客户。华为集团正是利用这些方面的优势赢得了客户。华为集团的市场细分策略为之后目标市场的选择、市场定位以及成功运用组合营销策略打下了良好的基础，使得其产品市场份额迅速上升，国际竞争力不断增强。近20年来，华为集团销售收入增长了150倍以上，2016年，华为集团销售收入达到3950.09亿元，位居中国500强企业第27位，名列世界500强企业第129位。

（2）海尔集团人力资源管理创新与国际竞争力的提升。海尔集团在近30多年的时间里创造了从小到大、从弱到强的卓著业绩，这与其成功的人力资源管理密切相关。在海尔集团的人力资源管理体系中，"赛马不相马"的用人策略较为典型。这种用人策略使很多优秀人才脱颖而出，为企业创造了很多价值。海尔集团认为，出人才的机制是企业成功的关键。海尔集团为此设计了一种动态的人才选拔机制，即"赛马"而非"相马"。海尔集团选择提供赛马场而不搞"伯乐相马"，在企业内部设计竞争机制，目的在于选拔和创造人才。海尔集团的"赛马"不仅全方位，而且是开放式的，企业内所有的职位都能参赛，并且向全社会开放，参赛的人没有资历、年龄和身份的限制，但需具备一定的技能、创造和奉献精神。"赛马"的业绩是企业提拔重要岗位人员的重要依据。这种做法最大限度地保持了重要岗位人员队伍的活力。海尔集团"赛马"具体包含以下三个方面的内容：一是能者上。根据海尔集团的"三工动态转换机制"，若员工业绩较为突出，能够胜任比之前更高的职位，可以进行条件申报，经相关部门审核，实现"三工上转"，试用员工能够晋升为合格员工，合格员工可以晋升为优秀员工，上岗后待遇会提升。二是庸者下。若员工不能按期完成规定的任务或严重违反了公司纪律，则进行"三工下转"，优秀员工降为合格员工，合格员工降为试用员工，待遇也会相应下降。三是平者让。海尔集团鼓励年龄偏大或知识结构无法满足公司发展需要的员工转到企业投资创办的第三产业中去。海尔集团的"赛马"始终坚持"优胜劣汰"的规律，认为只有不断进取才能使企业立于不败之地。海尔集团"赛马不相马"的用人策略充分调动了员工工作的积极性，最大限度地发挥了工作人员的潜力，进一步增强了企业的产品优势和服务优势，使海尔集团的品牌价值不断上升，国际竞争力不断增强。自 2002 年起，海尔集团已连续 15 年蝉联中国品牌价值榜榜首。

（3）青岛啤酒股份有限公司财务管理创新与国际竞争力的提升。在青岛啤酒的财务管理创新中，分离交易可转债券融资方式较为典型。分离交易可转债券是一种附带股权的公司债券，包括公司债券和认股权证两部分。其优势在于：可以享受低成本负债融资和债务利息抵税，激励企业经营者提高业绩水平，使公司股票价格上升，使投资者行使权证，给企业带来二次甚至多次融资。在发行分离可转债券进行融资前，该公司会进行财务决策分析。一是企业的负债结构分析。如果企业的整体债务规模呈下降趋势，说明偿债压力不断变小，可以适当提高财务杠杆，利用负债融资促进企业发展，提高经济效益。如果企业的整体债务规模呈上升趋势，说明偿债压力不断变大，可以适当降低财务杠杆。二是企业的负债可行性分析，通过计算企业发生财务危机的可能性，分析公司发生财务危机的可能性是在降低还是提高，据此来决定公司负债规模及其调整。三是企业实际增长率与可持续增长率的比较。如果实际增长率高于可持续增长率，应增加负债。如果实际增长率低于可持续增长率，则应减少负债。四是发行分离交易可转债券的相对成本比较，分析企业发行分离交易可转债券进行融资的成本是否低于其他融资方式。青岛啤酒股份有限公司率先发布《认股权与债券分离交易的可转换公司债券募集说明书》，运用分离交易可转债券这一工具，向社会发行分离交易可转债，成功获得了二次融资，获取了企业发展所需的资金，使得生产规模不断扩大，获取了规模经济效应，增强了成本优势，提升了国际竞争力，持续保持了在世界 500 强企业中的地位。

3.5 生产性服务的嵌入方式

生产性服务嵌入制造业价值链的方式分为结构性嵌入与关系性嵌入。其中结构性嵌入是指部分生产性服务在功能上直接嵌入制造业的生产过程并与制造业产品融为一体。结构嵌入型生产性服务能够使制造业获取技术创新优势并形成柔性制造系统，从而不断提高国际竞争力水平；关系性嵌入是指生产性服务未直接嵌入制造业生产过程，但与制造业最终产品形成

的全过程具有一定的外部相关性。关系嵌入型生产性服务能够使制造业获取营销与品牌优势、融资优势、物流配送优势等，进一步增强国际竞争优势，提高获利能力。

3.5.1　结构性嵌入、结构软化与中国制造业国际竞争力的提升

本部分以科学研究服务、信息传输及计算机与软件服务等两类较为典型的结构嵌入型生产性服务为例进行分析。科学研究服务嵌入制造业价值链的方式主要有三种：一是技术转让，一般为科研院所、高校出让某项生产所需技术，制造业企业受让该项技术；二是项目委托，制造业企业往往由于研发创新能力的限制，委托科研院所、高校等学术机构对某一新技术、新工艺、新材料进行研发；三是联合研发，为了实现资源共享与优势互补，科研院所、高校、制造业企业各方派出人员组成研发团队对科研项目共同攻关。科学研究服务嵌入制造业价值链后能够从根本上改变制造业产品的性质与功能，提高产品的科技含量，使产品的科技附加值与有形部分价值之比不断上升，达到实现产品的智能化、数字化、绿色化升级的目的，从而不断提高国际竞争力水平。信息传输及计算机与软件服务嵌入制造业价值链的方式主要有两种：一是该种生产性服务与加工、储存与搬运设备形成柔性制造系统，适应不同的加工对象与批量同时提高生产效率；二是该种生产性服务与各类生产监测设备相结合后，对生产过程中的各种监测数据进行大数据分析，为动态调整生产计划，更好地适应市场需求创造有利条件。因此，信息传输及计算机与软件服务嵌入制造业价值链条程度的提高有助于实现制造业企业加工制造系统从刚性向柔性的转变，从而不断提高适应企业内部与外部环境变化的能力，提升产品的国际竞争力水平。

3.5.2　关系性嵌入、结构软化与中国制造业国际竞争力的提升

本部分以商务服务、金融服务、交通运输与仓储服务三类较为典型的关系嵌入型生产性服务为例进行分析。商务服务嵌入制造业价值链的方式主要有四种：一是市场分析，商务服务业能够凭借自身的专业团队与较为完备的商业数据库帮助制造业企业对产品市场容量、特点等进行分析，并对产品市场的发展趋势进行预测；二是人力资源培训，商务服务业具有专

业的人力资源培训团队，能够为制造业企业进行专业的市场营销与品牌经营能力方面的培训；三是广告服务，广告服务是商务服务的重要组成部分，制造业企业为寻求专业化经济，将自身的广告代理、制作、发布、广告效果评估等经济活动外包给专业的广告公司；四是催生新兴业态，商务服务促进了商业模式的创新，能够在很大程度上促进制造业企业营销手段与渠道的多样化。商务服务嵌入制造业价值链条程度的提高能够在很大程度上增强制造业企业市场控制与品牌建设能力，不断提升企业产品的品牌附加值，使产品内含的品牌价值与有形部分价值之比不断上升，从而达到提高产品国际竞争力的目的。金融服务嵌入制造业价值链的方式主要有四种：一是银行业对制造业企业进行股权投资和委托债权计划；二是证券行业对制造业企业实行资产证券化；三是信托行业对制造业企业进行信托投资计划与债券转让回购；四是保险业对制造业企业实行保险债权投资计划等。金融服务嵌入制造业价值链条程度的提高有利于制造业企业降低融资的成本与难度，拓宽融资渠道，规避融资风险并在一定程度上增强融资能力，从而使制造业企业形成一定的融资优势，将更多资金流入企业，不断增强国际竞争水平；交通运输与仓储服务嵌入制造业价值链的方式为将自身较为先进的运输、仓储技术与管理方式与企业订单信息处理、流通加工等环节相结合，最大限度发挥物流配送系统的功能，配合柔性加工制造体系使产品加工制造多样化与个性化，使企业产品价值能够快速实现。交通运输与仓储服务嵌入制造业价值链条程度的提高有助于制造业获取物流配送优势，从而能够在最大程度上保证产品的使用价值，并在很大程度上降低运输成本并提高运输效率，增强产品的国际竞争力。

3.6 本章小结

本章对中国制造业国际竞争力现状进行了理论和实证分析，研究结论为：中国制造业大而不强，现阶段国际竞争力水平较低，与发达国家存在较大差距，主要体现在制造业产品国际竞争力不强与处于全球价值链中低端环节两个方面；静态比较优势理论已与中国制造业国际竞争力提升的客观要求相悖。中国作为发展中的大国，其制造业的发展战略思路应从比较优势向竞争优势转变。在此基础上，提出基于结构软化的动态比较优势理论，认为中国制造业国际竞争力提升的关键在于获取基于结构软化的动态

比较优势；运用这一理论，分析了结构软化视角下生产性服务提升中国制造业国际竞争力的作用机理：通过增加生产性服务对制造业的中间投入使产业结构向"软化"趋势调整，获取基于结构软化的动态比较优势，包括成本优势、技术创新优势、服务优势、规模经济优势、产业集聚优势等，提高国际竞争力水平；具体分析了"软要素"如何提升中国制造业国际竞争力，对技术创新和管理创新提升中国制造业国际竞争力的作用进行了具体分析。

第 4 章

制造业结构软化的趋势与指标体系

4.1 制造业结构软化的趋势

4.1.1 制造业结构软化的基本趋势与模式差异

1. 制造业结构软化的基本趋势

在世界经济发展过程中，制造业结构的软化是一个基本趋势。因为随着经济的不断发展，在制造业产品生产过程中，体力劳动、物质资源和各种有形要素的投入相对减少且贡献率逐渐下降，而脑力劳动、科学技术知识等无形要素的投入相对增加且贡献率逐渐上升，即对服务、信息、技术和管理等"软要素"的依赖程度不断加深。我们选取世界部分国家机械制造行业不同年份生产性服务投入比重来说明这一趋势，如表 4 - 1 所示。

表 4 - 1 世界部分国家机械制造行业生产性服务投入比重变动 单位：%

国别	2001 年	2002 年	2003 年	2004 年	2005 年	2006 年	2007 年	2008 年	2009 年	2010 年	2011 年
美国	29.66	30.81	31.65	31.75	31.49	31.63	31.95	31.18	31.05	35.54	35.62
英国	41.27	42.45	45.37	41.91	40.39	41.41	42.66	47.25	43.23	43.75	45.00
巴西	21.88	21.01	22.04	20.37	21.21	22.57	23.70	23.95	25.10	25.66	27.46

国别	2001 年	2002 年	2003 年	2004 年	2005 年	2006 年	2007 年	2008 年	2009 年	2010 年	2011 年
印度	22.99	22.87	23.17	25.41	28.84	28.79	28.10	28.31	28.71	28.28	29.90
土耳其	35.53	33.65	27.46	36.95	31.18	38.69	40.01	46.14	45.66	42.17	43.04

资料来源：根据世界投入产出表相应年份数据整理而得。

　　随着经济发展水平的不断提高，中国制造业软化的趋势也在逐步显现。由于科学技术的持续进步、社会需求结构的不断升级等推动中国制造业结构不断向高级化方向演进，制造业对体力劳动、物质资源和各种有形要素的消耗相对下降，对脑力劳动、科学技术知识等无形要素的消耗相对增加，即对服务、信息、技术和管理等"软要素"的依赖程度不断加深，体现为制造业内部生产、加工和组装环节所占比重逐渐下降，而研发设计、市场营销、品牌经营和售后服务等环节所占比重逐渐上升，制造业内部结构呈现出不断软化的趋势。我们选取中国部分制造业行业不同年份生产性服务投入比重来说明这一趋势，如表4-2所示。

表 4 - 2　　　　　中国部分制造业行业的生产性服务投入比重变动　　　单位：%

年份	食品、饮料制造及烟草制品业	纺织、服装及皮革产品制造业	炼焦、燃气及石油加工业	非金属矿物制品业	金属产品制造业	机械设备制造业
1997	0.0682	0.0822	0.1305	0.1411	0.1745	0.1266
2002	0.1153	0.2317	0.2226	0.2549	0.3677	0.2450
2005	0.1010	0.3229	0.1512	0.3080	0.2960	0.3097
2010	0.2684	0.3090	0.2622	0.3656	0.3208	0.3778
2012	0.3094	0.3750	0.2969	0.3812	0.3628	0.4355

资料来源：根据《中国统计年鉴》相应年份数据整理而得。

2. 制造业结构软化的模式差异

　　由于不同国家经济发展水平等因素的差异，各国制造业结构软化的演进模式存在较大差异，主要可分为渐进式模式、跨越式模式两种。

　　渐进式模式是一种制造业内部结构软化程度逐渐提升的方式。随着科学技术的进步、社会需求结构的变化、经济体制的变革等，逐渐增加制造业内部"软要素"的投入比例。发达国家一般采取渐进式的模式。原因在于这些国家很多都是重大技术革命的发源地，一般都具有较强的技术创新能力。随着本国科学技术的不断进步，可以运用"软要素"对传统产业的生产模式等进行改造和提升，使本国产业内部结构逐渐向"软化"趋势调整，从而使制造业结构软化度逐渐上升，增强制造业核心竞争能力。然而这种渐进式模式的特点是实现制造业结构内部软化的过程持续的时间较长。

跨越式模式是指经济落后国家通过引进发达国家先进技术从而使产业结构演进速度加快，在较短时间内实现制造业内部结构软化度的上升，缩短与经济发达国家之间的差距。目前采取这一模式并获得成功的是亚洲"四小龙"国家。他们将欧美国家的技术、管理等软要素引入到国内，促进了本国很多传统产业结构软化的进程。此外随着全球经济一体化程度的加深，国际贸易、国际投资和国际产业转移的不断深化也为加速制造业结构软化进程提供了良好的机遇。该模式的特点在于能够打破平稳的产业结构软化路径，在短期内实现制造业结构软化度的上升。该模式能够避免很多因自主研发等原因带来的风险，是经济落后国家发展经济、提高制造业结构软化程度的快捷方式。

4.1.2　制造业结构软化发展趋势的影响因素

制造业结构的软化程度会受到多种因素的影响。这些因素主要包括经济发展水平、社会需求结构、科学技术进步、经济体制、产业政策和国际因素等。经济发展水平、社会需求结构、科学技术进步、经济体制、产业政策的变动会导致制造业结构软化程度的变化，从而使制造业结构软化趋势发生改变。

1. 经济发展水平

制造业结构软化程度与一国经济发展水平呈正相关关系。经济发展水平的提高推动了制造业结构层次从低级向高级演变。制造业结构的优化升级，需要与经济发展的阶段特征相适应。当经济发展水平处于中低水平时，人们的收入水平相对有限，只能满足生存需求与有限的发展需求，因而会将绝大部分经济资源投入到农业和工业部门。此时农业部门与工业部门便成为该时期的主导产业，而服务业部门所占比重较低，因而利用软产业升级制造业的效果不明显，制造业结构软化程度上升的速度较慢；当经济进入到更高的发展阶段后，为服务部门的发展提供充裕的物质条件成为可能，从而使之前的产业结构发生变化，更多资源流向服务产业，服务部门因而迅速崛起并成为社会主导部门，使软产业比重不断上升，从而能够更好地利用"软要素"对制造业进行优化升级，使制造业结构不断向"软化"趋势调整。因此，经济发展水平是制造业结构软化度上升的基础①，经济发展水平的提高从根本上推动并加速了制造业内部结构软化进程。

2. 社会需求结构

该因素的变化是制造业结构软化的外在拉力，它包括投资结构和消费结构。首先，投资结构的变化能够使制造业结构软化度上升。产业结构会随着投资方向的改变而调整，加大对第三产业的投资力度将使得服务部门迅速扩张，使其成为社会主导部门，利用第三产业对制造业进行"后向软化"，使制造业结构的软化趋势不断加速；其次，消费结构的变化同样是影响产业结构软化的重要因素，产业结构的软化升级在很大程度上取决于消费结构的软化升级。当经济发展处于中低水平时，温饱与耐用消费品是人们的主要需求，因而农业和工业部门发展较快，成为该时期的主导部门；当经济发展水平进一步提高，衣食充足和耐用消费品开始变得普及后，人们的物质需求得到满足，对各种服务的消费逐渐增加，使服务业的规模不断扩大，第三产业比重开始不断上升，服务部门的各种"软要素"不断向制造业渗透，从而使制造业结构不断向"软化"趋势调整。

3. 科学技术进步

科学技术进步是传统产业结构软化的本源，能够为该类产业结构的软化进程提供强大动力。科学技术进步能够使制造业企业对技术和知识等软要素的依赖程度逐渐上升，对资本、体力劳动和土地等硬要素的依赖程度逐渐下降，推动传统产业结构从低级向高级演进，结构软化度不断上升。纵观世界制造业结构软化演进历程，历次制造业的转型升级都取决于科学

---

① 马云泽：《世界产业结构软化趋势探析》，载《当代经济科学》2003 年第 6 期，第 31～35 页。

技术进步。例如，信息通信技术、自动化技术等的发明与应用推动了装备制造业的智能化、数字化升级，极大地提高了生产效率，降低了生产成本；互联网技术的广泛应用推动了制造业的网络化升级，从而对制造业产品的生产过程、商业模式带来了深远的影响；低碳化技术的应用有效推动了制造业的绿色化升级，减轻了环境压力，对制造业的可持续发展意义重大。

4. 经济体制

经济体制指在一个国家或区域内制定并执行经济决策的各种机制的总和，包括资源配置方式与经济主体行为机制等。经济体制提升制造业结构软化程度的作用主要体现为以下两点：第一，资源配置方式与制造业结构软化进程密切相关；第二，经济主体的行为规则深刻影响着要素在部门和社会范围内的移动和组合。首先，不同资源配置方式直接影响着资源配置效率的高低，进而影响着生产效率。低效率的资源配置方式直接影响了技术和知识等软要素的资源配置效率，严重影响了软要素产业部门的生产效率，从而阻碍了软要素产业对制造业的内涵式软化。其次，经济主体包括与经济活动有关的政府、机构、企业和个人。这些经济主体的行为会影响各种软要素转移到制造业部门，从而在一定程度上影响了制造业结构软化程度的提升。因此，经济体制能够在一定程度上作用于制造业的结构软化进程。

5. 产业政策

产业政策的阶段性较为明显，即产业政策的内容、范围和方式取决于特定的时期和经济环境。产业政策为制造业内部结构的软化提供政策基础，直接作用于制造业结构软化进程。要实现制造业结构软化，必须针对市场机制的缺陷和不足做出相应的调整。产业政策对制造业结构软化进程的推动主要表现在宏观、中观、微观三个层面：在宏观层面上，通过改善软要素产业环境来促进软要素产业的发展，从而有利于提升制造业结构软化度。这些政策包括改善软要素产业的国内需求状况，优化对外开放环境等。在中观层面上，通过制定和实施相关政策，增加制造业对"软要素"的需求，并加大生产性服务业与制造业的结合力度。在微观层面上，通过制定相关政策，如鼓励生产性服务业企业发展、调整服务外包价格等，使制造业企业投入要素结构不断向软化趋势调整。

6. 国际因素

随着经济全球化的日益加剧，国际贸易与国际投资的不断深化对一国制造业结构软化进程产生了深刻的影响。首先，国际贸易的发展推动了制造业结构软化，体现为两个方面：一方面，国际贸易带动了金融、信息服务的交流，从而带动了国内相关软要素产业的发展，从而有利于制造业结构的优化升级；另一方面，国际贸易促进了先进的技术与经营理念的引进，从而有助于拓展制造业价值链，不断提高自主研发与品牌经营能力，从而提升制造业结构软化度。其次，国际投资的发展加速了制造业全球化趋势。外商直接投资将一部分国外"软要素"转移到国内，这些软要素能够通过一定方式与国内制造业的生产环节相结合，提高制造业结构软化度。

4.2 制造业结构软化的指标体系

4.2.1 制造业结构软化的基本特征

1. 制造业服务化

制造业企业为了能够形成核心竞争优势，不断增强自身国际竞争力，在产品的生产过程中要加大各种服务的中间投入。这些服务主要包括市场调研服务、研发设计服务、质量控制服务、信息化管理服务、市场营销服务、品牌建设服务等。市场调研服务能够帮助制造业企业在某项产品的投资前掌握市场信息，包括消费需求状况、对品牌的认知、竞争状况等；研发设计服务能够提高企业技术创新能力，包括技术创新投入能力、技术创新产出能力、二次技术创新能力等，增加产品科技含量，提高附加值，从而提升企业利润水平；质量控制服务能够对企业产品实行质量控制、保证和改进，帮助企业实现质量目标，向市场提供满足客户要求的产品；信息化管理服务通过信息传输、计算机及软件技术提高企业生产效率，降低生产成本；市场营销和品牌建设服务能够增强企业产品的差异化优势，增大产品利润空间。

2. 制造业高技术化

高技术化是制造业结构软化的重要特征。制造业结构高技术化是指在制造业结构升级过程中不断用高新技术改造现有的制造业产品的生产过程。高新技术在制造业产品生产上的广泛应用使劳动工具不断创新，促进了制造业劳动生产率的提高，使整个制造业高技术化趋势日益明显。例如，利用信息通信技术、自动化技术等推动装备制造业的数字化、智能化升级；利用互联网技术促进制造业的网络化升级，改善制造业产品的生产过程与商业模式等；利用低碳化技术推动制造业的绿色化升级，减轻环境压力，促进制造业的可持续发展。

3. 产业融合化

制造业与软要素产业的不断融合是制造业结构软化的特点之一，同时也是制造业结构软化的最高形式。可以理解为软要素产业与制造业因产业间的技术融合而使双方的边界逐渐模糊的趋势。融合化已成为当前制造业结构软化进程中势不可当的潮流，主要体现在以下方面：一方面，知识这类软要素渗透性很强，能够使产业分化，形成诸多核心技术相似的产业，从而使原有产业边界变得模糊。如生物工程知识和技术在产业间的不断渗透，形成了生物农业、生物化工等新兴生物产业，其核心技术都以生物工程技术为基础，这造成原有的农业与工业及其他产业之间的边界逐渐模糊起来。另一方面，知识这种要素还具有很强的融合性，这种特性使不同产业之间的技术相互融合，从而导致产业重叠不断加深，很多原本分工明确的产业融合成新的产业，使原有的产业划分标准不再适用。产业的融合与重叠程度在很大程度上取决于这些产业是否与基础知识型产业密切相关。

4. 制造业生态化

制造业生态化是实现可持续发展和形成良性循环的产业发展新模式，是当前制造业发展的新趋势和制造业结构软化的特点之一。制造业结构生态化是指建立符合自然生态循环要求的制造业发展模式，包括强化制造业企业生态文明观念、节约并充分利用各种资源，减少废水废气的排放等，实现制造业经济效益和生态效益的统一。制造业生态化是一种遵从生态学原理，建立系统再循环生产过程，实现"低投入、低污染、高产出"的新型工业模式。制造业生态化的顺利推进主要取决于科技进步速度、政府对环保制造业的扶持力度和制造业产业结构调整与布局的合理化程度。

4.2.2 制造业结构软化的指标体系

根据以上对制造业结构软化特征的分析，本节构建了制造业结构软化的指标体系，如表4-3所示。受到数据可获得性的限制，构建的指标体系包含两层指标，其中一级指标有四个，分别是制造业服务化指标、制造业高技术化指标、产业融合化指标和制造业生态化指标，每个一级指标包括若干个二级指标。

表4-3 制造业结构软化评价指标体系

一级指标	二级指标	指标测算	指标单位
服务化指标	生产性服务人员比重	为制造业服务的生产性服务人员数/制造业全部人员数	%
	直接消耗系数	制造业生产过程中的生产性服务投入/制造业生产过程中的总投入	—
	完全消耗系数	$b_{ij} = a_{ij} + \sum_{k=1}^{n} b_{ik} \cdot a_{kj}(i, j = 1, 2, \cdots, n)$	—
高技术化指标	研发人员比例	制造业研发人员数量/制造业全部人员数量	%
	研发经费投入强度	制造业 R&D 经费支出/制造业销售收入	%
	专利使用数量比	制造业使用的专利数量/制造业销售收入	—
融合化指标	投入产出关联度	制造业生产过程中的生产性服务投入/制造业总产出	—
	需求系数	$h_{ij} = \dfrac{x_{ij}}{\sum\limits_{j=1}^{n} x_{ij} + Y_i}$	—
	"软要素"贡献度	"软要素"创造的增加值/产品总增加值	%

续表

一级指标	二级指标	指标测算	指标单位
生态化指标	单位产值废水排放量	制造业废水排放量/制造业总产值	吨/亿元
	单位产值废气排放量	制造业废气排放量/制造业总产值	吨/亿元
	单位产值固体废物排放量	制造业固体废物排放量/制造业总产值	万吨/亿元
	废水排放达标率	制造业废水排放达标量/制造业废水排放总量	%
	废气排放达标率	制造业废气排放达标量/制造业废气排放总量	%
	单位产值能源消耗量	制造业能源消耗量/制造业总产值	万吨标准煤/亿元
	废弃资源和废旧材料回收加工业产值比重	废弃资源和废旧材料回收加工业产值/工业总产值	%

1. 服务化指标

制造业服务化是制造业结构软化的重要特征之一，主要体现在市场调研、研究设计、质量控制、信息化管理、产品营销等价值环节占制造业整个价值链的比重逐渐上升。选取生产性服务人员比重、直接消耗系数、完全消耗系数三个指标来反映制造业服务化程度。

生产性服务人员比重的计算公式可以表示为：

为制造业服务的生产性服务人员数/制造业全部人员数　　(4.1)

生产性服务人员比重的取值范围在 0 ~ 100%，数值越高，生产性服务人员比重越高。

直接消耗系数的计算公式可以表示为：

制造业生产过程中的生产性服务投入/制造业生产过程中的总投入

(4.2)

直接消耗系数的取值范围在 0 ~ 1，数值越高，直接消耗系数越大。

完全消耗系数的计算公式可以表示为：

$$b_{ij} = a_{ij} + \sum_{k=1}^{n} b_{ik} \cdot a_{kj} \, (i, j = 1, 2, \cdots, n) \qquad (4.3)$$

其中 b_{ij} 为 j（制造业）部门生产一单位产品对 i（生产性服务业）部门的完全消耗系数，a_{ij} 为 j（制造业）部门生产一单位产品对 i（生产性服务业）部门的直接消耗系数，$\sum_{k=1}^{n} b_{ik} \cdot a_{kj}$ 为间接消耗系数，其中 k 为中间产品部门，$\sum_{k=1}^{n} b_{ik} \cdot a_{kj}$ 表示通过 k 种中间产品形成的生产制造业产品对生产性服务业的全部间接消耗量。

完全消耗系数的取值范围在 0～1，数值越高，制造业服务投入比重越高。

2. 高技术化指标

科学技术进步是产业结构软化的原动力之一，因而高技术化是制造业结构软化特征之一。主要体现在制造业结构高级化过程中，不断用高新技术改造传统制造业产品生产过程。高新技术促进了制造业劳动生产率的提高，使整个制造业高技术化趋势日益明显。选取研发人员比例、研发经费投入强度、专利使用数、高技术资本密集度等反映制造业高技术化程度。

研发人员比例计算公式可以表示为：

$$制造业研发人员数量/制造业全部人员数量 \qquad (4.4)$$

研发人员比例的取值范围在 0～100%，数值越高，研发人员比例越高。

研发经费投入强度计算公式可以表示为：

$$制造业 R\&D 经费支出金额/制造业销售收入 \qquad (4.5)$$

研发经费投入强度的取值范围在 0～100%，数值越高，研发经费投入强度越高。

专利使用数量比计算公式可以表示为：

$$制造业使用的专利数量/制造业销售收入 \qquad (4.6)$$

高技术资本密集度计算公式可以表示为：

$$制造业高技术资本密集设备价值/制造业全部生产设备价值 \qquad (4.7)$$

高技术资本密集度的取值范围在 0～100%，数值越高，高技术资本密集度越高。

3. 融合化指标

产业结构融合化是制造业结构软化的特点之一，已成为当前制造业结构演进中势不可当的潮流。产业结构融合化主要体现在两个方面：一方面，知识的强渗透性导致产业分化，形成诸多核心技术相似的产业，从而使原有产业边界变得模糊；另一方面，知识的强融合性使不同产业之间的技术相互融合，导致产业重叠不断加深，使原有的产业划分标准不再适用。产业结构融合化体现为制造业和软要素产业之间的融合。选取投入产出关联度、需求系数等反映产业结构融合化程度。

投入产出关联度的计算公式可以表示为：

$$制造业生产过程中的生产性服务投入/制造业总产出 \qquad (4.8)$$

投入产出关联度的取值范围在 0~1，数值越高，投入产出关联度越高。

需求系数的计算公式可以表示为：

$$h_{ij} = \frac{x_{ij}}{\sum_{j=1}^{n} x_{ij} + Y_i} \qquad (4.9)$$

其中 h_{ij} 为制造业对生产性服务业的需求系数，x_{ij} 为制造业生产过程中对生产性服务业的需求量，$\sum_{j=1}^{n} x_{ij}$ 为制造业生产过程中对中间品的总需求量，Y_i 为制造业的最终需求量。

需求系数的取值范围在 0~1，数值越高，需求系数越大。

中国生产性服务业与部分制造业行业融合度如表 4-4 所示。

表 4-4　　　　中国生产性服务业与部分制造业行业融合度变动

年份	食品、饮料制造及烟草制品业	纺织、服装及皮革产品制造业	炼焦、燃气及石油加工业	非金属矿物制品业	金属产品制造业	机械设备制造业
2000	0.0345	0.0457	0.0502	0.1208	0.4145	0.1133
2002	0.1499	0.1573	0.1341	0.2118	0.7018	0.3382
2005	0.1223	0.1369	0.0775	0.2598	0.5937	0.3012
2010	0.0985	0.0855	0.0475	0.1405	0.3590	0.2000
2012	0.1197	0.1046	0.0570	0.1117	0.3572	0.2111

资料来源：根据《中国统计年鉴》相应年份数据整理而得。

"软要素"贡献度的计算公式可以表示为：

$$"软要素"创造的增加值/产品总增加值 \qquad (4.10)$$

"软要素"贡献度的取值范围在 0~100%，数值越高，"软要素"贡献度越大。

4. 生态化指标

制造业生态化是实现可持续发展和形成良性循环的制造业发展新模式，是当前制造业发展的新趋势和制造业结构软化的特点之一。制造业生态化是指建立符合自然生态循环要求的发展模式，从而充分利用资源，减少废水、废气、固体废物等的排放，实现经济效益和生态效益的统一。选取单位产值废水排放量、单位产值废气排放量、单位产值固体废物排放量、工业废水排放达标率、工业废气排放达标率、单位产值能源消耗量、废弃资源和废旧材料回收加工业产值比重来反映制造业生态化。

单位产值废水排放量的计算公式可以表示为：

$$单位产值废水排放量 = 制造业废水排放量/制造业总产值 \tag{4.11}$$

数值越高，单位产值废水排放量越大。

单位产值废气排放量的计算公式可以表示为：

$$单位产值废气排放量 = 制造业废气排放量/制造业总产值 \tag{4.12}$$

数值越高，单位产值废气排放量越大。

单位产值固体废物排放量的计算公式可以表示为：

$$单位产值固体废物排放量 = 制造业固体废物排放量/制造业总产值 \tag{4.13}$$

数值越高，单位产值固体废物排放量越大。

废水排放达标率的计算公式可以表示为：

$$废水排放达标率 = 制造业废水排放达标量/制造业废水排放总量 \tag{4.14}$$

废水排放达标率的取值范围在 0 ~ 100%，数值越高，废水排放达标率越高。

废气排放达标率的计算公式可以表示为：

$$废气排放达标率 = 制造业废气排放达标量/制造业废气排放总量 \tag{4.15}$$

废气排放达标率的取值范围在 0 ~ 100%，数值越高，废气排放达标率越高。

单位产值能源消耗量的计算公式可以表示为：

$$单位产值能源消耗量 = 制造业能源消耗量/制造业总产值 \tag{4.16}$$

数值越高，单位产值能源消耗量越大。

废弃资源和废旧材料回收加工业产值比重的计算公式可以表示为：

$$\frac{废弃资源和废旧材料}{回收加工业产值比重} = \frac{废弃资源和废旧材料}{回收加工业总产值} \Big/ \frac{制造业}{总产值} \quad (4.17)$$

废弃资源和废旧材料回收加工业产值比重的取值范围在 0 ~ 100%，数值越高，废弃资源和废旧材料回收加工业产值比重越高。

4.3 制造业结构软化指标体系的运用价值

4.3.1 在行业分析中的运用价值

制造业结构软化指标体系能够较为系统地反映不同制造业行业结构软化状况。指标体系的设计建立在制造业结构软化基本特征的基础上，具有科学的理论依据，使指标体系能够合理地反映不同制造业结构软化状况。同时，各项指标具有较强的可操作性，指标易于计算，能够将不同制造业行业结构软化程度量化，从而有利于客观地反映不同制造业行业结构软化状况。此外，指标体系从服务化、高技术化、融合化、生态化等方面选取相关具体指标，能够较为全面地反映不同行业结构软化状况；该指标体系有利于对不同制造业行业结构软化程度进行系统的评价，如运用主成分分析法、公因子分析法[①]等对不同制造业行业结构软化程度进行静态与动态、横向与纵向的评价，获取更多有价值的研究结论；指标设计有利于对不同产业结构软化趋势进行预测。如运用时间序列法[②]、BP 神经网络法[③]等，在利用已有的不同行业结构软化数据的基础上，运用一定的科学原理和步骤对结构软化未来的发展趋势进行预测，从而在一定程度上把握未来不同行业结构软化程度的走向；综合运用指标体系有利于不同制造业行业结构软化政策的制定。制造业结构软化的指标体系有利于相关部门了解不同行业结构软化的状况，从而制定各种相关政策，增加制造业生产过程中技术、管理、信息、服务等软要素的投入比重，推动不同行业结构软化的进

---

① 公因子分析法是用少数几个因子去描述许多指标或因素之间的联系，以较少的几个因子反映原始资料大部分信息的一种方法。

② 利用按时间顺序排列的数据预测未来的方法，是一种常用的预测方法。

③ 是一种模拟人脑神经网络结构从而具有一定的预测功能的数学模型。

程，提升国际竞争力水平。

具体到每类指标而言，服务化指标能够反映不同制造业行业生产过程中各种服务的中间投入力度，从而制定各种利用服务业推动制造业发展的政策。服务化指标还有利于在一定程度上把握制造业服务化的发展趋势；高技术化指标能够体现不同制造业行业生产过程中对研发环节的重视程度及利用高新技术改造传统生产方式的力度，有利于政府部门制定相关政策，促进制造业高技术化的发展。同时，可以利用已有的数据对未来制造业高技术化趋势进行合理预测；融合化指标能够体现不同制造业行业与软要素产业相互交叉、相互渗透的程度，有利于进一步推进不同制造业产业与软要素产业的融合化发展，从而不断提升制造业结构的软化程度，提高国际竞争力水平；生态化指标能够客观地反映不同制造业行业是否采用新技术、新工艺，充分利用生产资源，降低废水、废物、废气等的排放，实现经济效益与生态效益的统一。同时有利于进一步引导不同行业提高生态化水平，减少发达国家对本国制造业产品的技术壁垒，增强国际竞争力。

不同制造业行业结构软化进程中所选取的衡量指标应该有所侧重。如以劳动力投入为主的行业研发投入相对较少，生产操作过程相对简单，对技术和装备的依赖程度较低，产生的环境污染相对较少，产品差异化程度较大，具有最终消费特征等。因此，应侧重运用服务化、融合化指标对该类产业结构软化的程度进行衡量；以资本投入为主的行业研发投入相对较少，技术操作要求较高，环境污染较为严重，一般具有中间部门性质，为下游部门的进一步生产提供资源和生产设备，产品的差异化程度较小。针对该类行业的特征，应侧重运用生态化指标对该类产业结构软化的程度进行衡量；以技术投入为主的行业研发投入相对较多，现代化技术装备程度和技术操作要求较高，科技人员比重较大，对环境能够造成一定程度的污染，产品差异程度较大，一般兼备中间部门和最终消费部门特点。因此，服务化指标、高技术化指标、融合化指标、生态化指标均适合运用于该类产业结构软化进程的衡量。

4.3.2　在地区分析中的运用价值

制造业结构软化指标体系有利于反映不同地区制造业结构软化状况。指标设计能够反映制造业结构软化的本质，从而能够合理地反映不同地区制造业结构软化状况。同时，各类指标易于计算，从而能够较为客观地反映不同地区制造业结构软化状况。本书建立的指标体系从服务化、高技术化、融合化、生态化等不同方面选取指标，能够较为全面地反映不同地区制造业结构软化状况；指标设计为运用严谨、高效的方法对不同地区制造业结构软化程度进行评价提供了数据基础；指标体系有利于运用各种数据推测方法对不同地区制造业结构软化的发展趋势进行预测，从而在一定程度上把握不同地区制造业结构软化的走向；政府相关部门能够通过该指标体系了解不同地区制造业结构软化的相关信息，包括某一时期制造业的结构软化程度及制造业结构软化的演进状况，从而制定出各种推动不同地区制造业结构软化进程的政策；指标体系的设计有利于考核各地区制造业转型升级的推进工作，可以利用指标体系中的各类指标对不同地区利用软要素升级制造业的力度进行全面、客观的考核。通过考核能够激励各地区不断加强自身的薄弱环节，推进制造业结构软化进程。

具体到每类指标而言，服务化指标能够反映不同地区服务业与制造业的产业关联程度，从而有利于相关部门制定政策引导制造业生产过程投入更多服务要素，提高不同地区制造业产品附加值，提升国际竞争力水平。同时，通过该类指标能够把握制造业服务化未来的发展趋势；高技术化指标能够客观地反映不同地区制造业与高新技术结合的力度，有利于相关部门制定促进制造业高技术化发展的政策。此外，可以通过已有的时间序列数据形式对未来制造业高技术化趋势进行推测；融合化指标能够合理反映不同地区制造业与软产业的融合水平，有利于推进不同地区制造业与软要素产业的融合化发展，有效提升制造业结构软化程度，获取各种竞争优势；生态化指标能够体现出各地区制造业是否重视制造业发展带来的环境问题，如是否充分利用各类有形生产要素，是否通过技术创新减少生产过程中的"三废"排放，是否加大环境治理设施的购买力度等。此外，生态化指标有利于相关部门制定推动不同地区制造业生态化发展的政策措施，提升制造业产品的生态化水平，从而不断提高产品的国际认可度。

4.4　本章小结

本章分析了制造业结构软化的基本趋势，无论从世界范围还是从中国来看，制造业生产过程中对信息、技术、管理、服务等软要素的依赖程度在逐步上升，但不同国家制造业结构软化的模式有所差异。经济发展水平、社会需求结构、科学技术进步、经济体制、产业政策、国际因素等的变动会影响制造业结构软化趋势的变动；在分析制造业结构软化趋势及其影响因素的基础上提出了制造业结构软化应当具备的基本特征。综合考虑制造业结构软化的基本特征构建了制造业结构软化的指标体系，包括 4 个一级指标和 16 个二级指标；利用该指标体系有利于提升不同制造业行业与不同地区制造业结构软化程度，但具体衡量某一制造业行业时要根据其特点有所侧重地选择衡量指标。

第 5 章

生产性服务与结构软化对制造业国际
竞争力影响的行业差异分析

制造业涉及的产业范围较广，由众多性质不同的产业构成。按照产业类型的不同可将制造业划分为劳动密集型产业、资本密集型产业和技术密集型产业等；按照产业成长阶段的不同可将制造业划分为成长期产业和成熟期产业等；按照产业组织结构类型的不同可将制造业划分为垄断性产业和竞争性产业等。因此，在分析生产性服务与结构软化对制造业国际竞争力的影响时应充分考虑到制造业内部的行业差异，不能一概而论。不同性质的制造业行业所需的生产性服务类型有所不同，造成生产性服务软化各类制造业产业途径的差异，从而导致生产性服务提升制造业国际竞争力的行业差异。因此，进行生产性服务与结构软化对制造业国际竞争力影响的行业差异分析具有较强的理论意义和实践意义。

5.1 理论分析与研究假设

5.1.1 产业类型差异

制造业按照产业类型可分为劳动密集型产业、资本密集型产业和技术密集型产业等不同类别。产业间的特性差异使得每一类产业需求的生产性服务类型有所不同，造成生产性服务软化各类制造业产业途径的差异，从而导致生产性服务提升制造业国际竞争力的产业类型差异。

1. 生产性服务对劳动密集型产业国际竞争力的影响分析

劳动密集型产业是指生产过程中劳动投入比例高于其他生产要素投入比例的产业。发展劳动密集型产业是中国国情的客观要求，是促进农村就业、扩大出口、加快城镇化建设的关键举措。中国典型的劳动密集型行业有食品加工和制造业、纺织业、服装及其他纤维制品制造业、皮革毛皮羽绒及其制品业、家具制造业等。该类型制造业特点为：研发投入相对较少，劳动投入比重相对较大，生产操作过程相对简单，对技术和装备的依赖程度较低，产品差异化程度较大，具有最终消费特征等。中国劳动密集型产业具有较强的生产能力，但却过分注重生产环节，对市场营销、品牌建设等高附加值环节重视不足，品牌创新能力较为薄弱，品牌数量和影响力与制造业发达国家相差较大，导致产品同质化现象严重，利润水平较低。此外，较为落后的物流配送体系影响了企业的经济效益。因此，中国劳动密集型行业对批发零售业、交通运输业和商务服务业等为终端消费服务的生产性服务业需求较大。首先，批发零售业是社会化大生产过程中的重要环节，对制造业经济运行速度、质量和效益影响重大，是提升制造业国际竞争力的重要生产性服务行业。批发业的经营范围较大，大型批发商一般分布于全国性大城市，其经营范围能够覆盖整个国内市场，使得劳动密集型产品价值能够在较大范围内实现。有的批发商可以开展进出口业务，将企业产品推向国际市场；零售业则能够加快产品的周转速度，提高产品的成交率。其次，交通运输业主要包括铁路、公路、水路和航空等运输部门。交通运输业将劳动密集型产业的生产和消费有机联系起来，使产品的价值得以实现，且交通运输业能够实现运输的规模经济，降低运输成本。此外，交通运输业使产品的销售市场不断扩大，从而增加了对产品的需求量。最后，商务服务业包括咨询与调查、广告等行业。商务服务业能够提高劳动密集型行业的市场营销和品牌经营能力，从而增强其国际竞争力。商务服务能够提高企业的市场营销能力，主要体现在：把握潜在需求的时效性、隐蔽性、差异性等特点，最大限度地挖掘潜在市场需求并将其转化为现实需求；通过选定产品市场范围、列举潜在客户需求、分析潜在客户的不同需求、制定相应的营销策略等做好市场细分；综合考虑产品结构、价格体系、客户对象、营销渠道、推广宣传等因素，从单一、固定的营销方式转变为多方位、多层次的立体式营销模式。此外，商务服务能够提高制造业企业的品牌经营能力，主要体现在：帮助制造业企业树立品牌管理意识，包括规划科学合理的品牌化战略与品牌架构；帮助制造业企业进行科学准确的品牌定位，从主客观条件和因素出发，寻找合适的目标消费者（见图 5 - 1）。

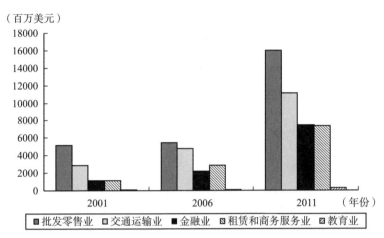

（百万美元）

图 5 - 1 中国生产性服务业实际平均对每个劳动密集型行业的投入量
资料来源：根据世界投入产出数据表整理计算绘制而得。

2. 生产性服务对资本密集型产业国际竞争力的影响分析

资本密集型产业是指需要较多资金投入的产业。资本密集型产业主要涉及基础工业和重加工业，是提高中国国民经济发展水平、实现工业化的重要基础。中国典型的资本密集型产业有黑色金属冶炼及压延加工业、有色金属冶炼及压延加工业、金属制品业等。该类产业的特点为：产品的研发投入相对较少，每个劳动者所占用的固定资本和流动资本金额较高，技术操作要求较高，一般为中间产品，为下游部门的进一步生产提供资源和生产设备，产品的差异化程度较小。中国很多资本密集型产业生产方式较为落后，科技含量严重不足，主要体现为工业互联网程度较低，信息基础设施落后，工业软件系统不发达等。此外，生产管理水平较为落后，生产过程中的计划、组织、控制能力不强。因此，中国资本密集型行业对金融服务、商务服务业中的企业生产管理服务、信息传输、计算机服务和软件业等为制造业生产过程服务的生产性服务业需求较大。金融服务能够降低制造业的交易成本。由于资本密集型行业需要大量的固定资产投资，生产过程中往往需要较多的资金投入。金融服务机构作为企业资金来源的重要渠道之一，能够为资本密集型行业提供专业的信贷业务及支付服务，以及对企业进行较为专业化的资本运营，从而在很大程度上提高企业资金的流动速度。此外，金融服务机构能够针对资本密集型行业的各种需求创造出一系列的金融工具，可以将更多资金注入企业，从而降低了企业的资金流转成本；企业生产管理服务的增加能够使企业更好地组织、计划和控制生产活动。生产管理的加强有利于生产资源的优化配置，提高生产效率，增加企业产出水平。同时，有利于加强对生产各环节的监督，促进产品质量的提高；信息传输、计算机服务和软件业中的信息服务贯穿于生产的全过程，涉及计划调度、生产资料采购、生产组织、产品检验、库存管理等环节，从而在很大程度上优化了资本密集型产业的价值链，降低了生产成本，提高了国际竞争力；信息传输、计算机服务和软件业中的计算机服务能够为制造业的生产过程提供计算机系统服务、数据处理和计算机维修等服务；信息传输、计算机服务和软件业中的软件服务能够使机械设备与相应软件系统结合，实现生产设备的自动控制和自动调节，从而改变制造业企业的生产方式（见图5-2）。

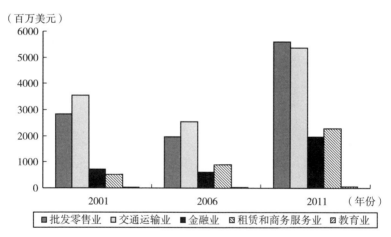

图5-2 中国生产性服务业实际平均对每个资本密集型行业的投入量
资料来源：根据世界投入产出数据表整理计算绘制而得。

3. 生产性服务对技术密集型产业国际竞争力的影响分析

技术密集型产业是指生产过程中对技术和脑力依赖程度超过对其他生产要素依赖程度的产业。发展技术密集型产业对中国产业结构的优化升级，提高经济增长的质量和效益有着重大意义。中国典型的技术密集型行业有电子及通讯设备制造业、通用设备制造业、专用设备制造业、医药制造业、交通运输设备制造业等。技术密集型产业特点为：产品的研发投入相对较多，现代化技术装备程度和技术操作要求较高，科技人员比重较大，产品差异化程度较大，一般兼备中间部门和最终消费部门特点。中国技术密集型行业自主创新能力较为薄弱，核心技术对外依存度较高，品牌建设能力不足，缺乏具有国际影响力的知名品牌。因此，中国技术密集型行业对科学研究业、批发零售业、交通运输业和商务服务业等生产性服务业的需求较大。批发零售业能够提高企业经济运行速度、质量和效益；交通运输业能够降低企业单位运输成本并增加产品的需求量；商务服务业能够提高企业的市场营销和品牌经营能力；科学研究服务则能够提高企业的技术创新能力，有助于企业核心竞争力的形成和国际竞争力的提升。首先，科学研究服务能够提高制造业技术创新投入能力。科学研究部门能够提供大量科技研发人员，增强了企业的创新投入能力。其次，科学服务能够提高制造业技术创新产出能力。创新过程的顺利进行需要依靠人力资本和知识资本等高级生产要素。科学服务部门的科研人员往往具备一定的研发能力，能够将创新投入转化为创新产出，表现为一定数量的专利和新产品。最后，科学研究部门提供的人力资本和知识资本，能够在很大程度上提升制造业企业的吸收能力，从而使企业能够在短期内吸收来自发达国家的先进技术，提高自身的二次技术创新能力（见图5－3）。

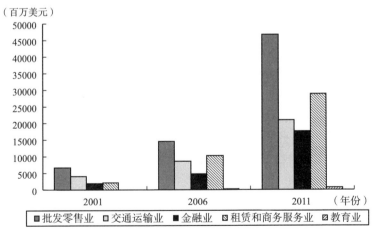

图5－3　中国生产性服务业实际平均对每个技术密集型行业的投入量

资料来源：根据世界投入产出数据表整理计算绘制而得。

理论假设 1：生产性服务与结构软化提升制造业国际竞争力存在产业类型差异：批发零售等为终端消费服务的生产性服务提高劳动密集型产业结构软化度从而提升其国际竞争力效果较为明显；金融服务等主要为生产过程服务的生产性服务提高资本密集型产业软化度从而提升其国际竞争力的效果较为明显；科学研究服务和为终端消费服务的生产性服务提高技术密集型产业软化度从而提升其国际竞争力的效果较为明显。

5.1.2　产业成长阶段差异

制造业按照产业成长阶段可以划分为成长期产业和成熟期产业。不同成长阶段制造业产业特点的不同造成其对生产性服务类型的需求差异，使得生产性服务软化成长期和成熟期制造业的行业路径产生差异，从而导致生产性服务提升制造业国际竞争力的产业成长阶段差异。

1. 生产性服务对成长期制造业产业国际竞争力的影响分析

成长期的制造业产业特征为：产品逐渐标准化，竞争优势逐步显现，产业核心能力基本形成，一般会加大研发资金和人员投入，不断提升自身的核心竞争力；产业技术水平不断完善，生产力水平不断提高，产业规模不断扩大，在国民经济中的比重逐渐上升；该类产业产品逐渐赢得大众的欢迎，市场需求不断增加，市场空间不断扩大，销量和利润不断增加。因而中国处于成长期的制造业产业对科学研究业、信息传输、计算机服务和软件业、金融业、交通运输业等生产性服务业需求较大。科学研究服务部门能够为成长期制造业产业提供一定数量的科研人员，增强产业的研发投入能力。这些科研人员能够通过研发过程不断提升企业的核心竞争力，使企业的竞争力不断增强。此外，科学研究服务部门提供的研发人员能够提升制造业企业的吸收能力，从而使企业能够在短期内吸收来自其他企业的先进技术；信息传输、计算机服务和软件业能够促进资本密集型产业的工艺流程升级，提高生产效率。信息服务贯穿于生产的全过程，能够在很大程度上优化制造业企业价值链，提高国际竞争力；计算机服务能够为制造业的生产过程提供计算机系统服务、数据处理和计算机维修等服务；软件服务能够使机械设备与相应软件系统的结合，实现生产设备的自动控制和自动调节，从而改变制造业企业的生产方式；处于成长期的制造业产业一般处于生产规模的扩张阶段，生产过程中往往需要较多的资金投入。金融服务机构作为企业资金来源的重要渠道，能够为制造业企业提供专业的信贷业务，并对企业进行较为专业化的资本运营，提高企业资金的流动速度。金融服务机构能够针对制造业企业的各种需求创造出一系列的金融工具，将更多资金注入企业，同时降低了企业资金流转成本；处于成长期的制造业产业市场需求不断增加，销量呈上升趋势，交通运输业能够将企业的生产和消费环节联系起来，使产品的价值得以实现。此外，交通运输业能够扩大产品的销售市场，增加对产品的需求量。

2. 生产性服务对成熟期制造业产业国际竞争力的影响分析

成熟期的制造业产业特征为：技术已经比较先进和成熟，仅有少量的新产品试验；产品性能、试样和工艺已被市场认可，产品质量和普及度较高，产业规模较大且达到顶峰，在国民经济中的比重较高；市场需求开始饱和，产品销售增长速度开始变慢，产品价格开始下降，利润空间变小，维持市场份额开始变得较为困难，企业之间开始的激烈竞争使得非价格战愈演愈烈。因而中国处于成熟期的制造业产业对信息传输、计算机服务和软件业、交通运输业和商务服务业等生产性服务业的需求较大。成熟期的制造业产业利润空间变小，解决这一问题的重要途径之一就是要控制企业的生产成本，从而增加企业的利润空间。信息传输、计算机服务和软件业中的信息服务能够优化制造业企业价值链，降低企业生产成本。计算机服务能够通过为生产过程提供计算机系统服务、数据处理和计算机维修等降低企业生产成本。软件服务能够通过机械设备与相应软件系统的结合，实现生产设备的自动控制和自动调节，改变企业的生产方式，使企业生产成本不断降低；成熟期的制造业产业销量达到顶峰，需要交通运输业实现产品价值；增加企业利润空间的另一个重要途径为增加产品的差异性。商务服务能够通过帮助制造业企业树立正确的品牌管理意识，规划科学合理的品牌化战略与品牌架构，进行科学准确的品牌定位等途径提高企业品牌经营能力，形成品牌竞争力，增强产品的差异化程度。

理论假设 2：生产性服务与结构软化提升制造业国际竞争力存在产业成长阶段差异：科学研究服务、信息传输、计算机和软件业服务、金融服务、交通运输服务等生产性服务提高成长期产业结构软化度从而提升其国际竞争力效果较为明显；信息传输、计算机和软件服务、交通运输服务、商务服务等生产性服务提高成熟期产业结构软化度从而提升其国际竞争力效果较为明显。

5.1.3　产业组织结构类型差异

制造业按照产业组织结构类型可以划分为竞争性行业和垄断性行业。不同产业组织结构类型行业特征的差异造成其对生产性服务需求类型的差异，使得生产性服务软化竞争性行业和垄断性行业方式存在差异，从而导致生产性服务提升制造业国际竞争力的产业组织结构类型差异。

1. 生产性服务对竞争性行业国际竞争力的影响分析

竞争性行业特征为：市场上厂商数量较多，每个厂商占有的市场份额较小，不能影响市场价格；产品差异化程度较小，不同厂商之间的产品较为相似，相互替代性较强，厂商之间的价格竞争较为激烈；厂商退出市场的难度较小，受到制度的、经济的、技术的限制较少；厂商的信息较为完备，能够比较清楚地了解到各种有关的生产技术和产品的市场价格，从而有利于厂商做出最优决策。竞争性企业在经营活动中获取利润的关键在于产品成本的控制和质量的提高。因此，具有竞争性质的制造业行业对商务服务业中的企业生产管理服务及交通运输服务需求较大。企业生产管理是对企业生产活动进行计划、组织和控制等一系列活动，能够减少生产过程中人力、物力、财力的消耗，从而降低企业生产成本。同时，能够通过加强对生产各环节的监督，促进产品质量的提高。交通运输服务投入的增加则能够帮助竞争性行业实现运输的规模经济，不断降低产品的单位运输成本，有利于产品成本优势的形成，进一步增强国际竞争力。

2. 生产性服务对垄断性行业国际竞争力的影响分析

垄断性行业特征为：市场上厂商数量较少，每个厂商占有的市场份额相对较大，对价格和产量的控制力较强，能够根据销售条件实现价格歧视获得超额利润。受此影响，垄断性行业一般技术创新的动力不足，从而不利于技术创新，阻碍技术进步；产品的差异化程度较大，体现在两个方面：一是产品本身物质属性的差别，二是产品销售条件的差别；退出市场较为困难，垄断厂商一般规模较大，转产会受到较大损失。垄断一般会造成资源配置扭曲，原因在于垄断行业为了获取超额利润而限定产量，没有最大限度利用资源。同时，垄断会使消费者剩余和社会福利减少，加剧社会收入分配不公现象等。因此，中国具有垄断性质的制造业行业对商务服务业等生产性服务业需求较大。商务服务中的包装服务能够美化产品包装，改进产品外观，增强产品的视觉效果，从而最大限度激发消费者购买欲望；商务服务中的广告服务是形成产品差异的重要手段。企业通过广告宣传使其产品的价格、质量、功能和销售条件等信息"植入"消费者的意识系统，影响消费者的偏好，从而制造主观上的产品差异。

理论假设3：生产性服务与结构软化提升制造业国际竞争力存在产业组织结构类型差异：商务服务、交通运输服务等生产性服务提高竞争性产业结构软化度从而提升其国际竞争力效果较为明显；商务服务提高垄断性产业结构软化度从而提升其国际竞争力的效果较为明显。

5.2 行业选取、指标测定与数据来源

5.2.1 行业选取

本章中行业的选取涉及世界投入产出表和中国国民经济行业分类中两种不同的制造业行业划分标准，我们选取两种划分标准中相同的行业，并将部分行业合并，从而保证各研究变量数据的一致性以及两个数据库行业之间的匹配[①]。本章行业的选取涉及食品制造业，饮料制造业，烟草制品业，纺织业，纺织服装、鞋、帽制造业，木材加工及木、竹、藤棕草制品业，造纸及纸制品业，印刷业和记录媒介的复印，石油加工、炼焦及核燃料加工业，化学原料及化学制品制造业，橡胶制品业，塑料制品业，非金属矿物制品业，黑色金属冶炼及压延加工业，有色金属冶炼及压延加工业，通用设备制造业，专用设备制造业，电气机械及器材制造业，仪器仪表及文化办公机械制造业，交通运输设备制造业等制造业行业，为了保证各变量数据的一致性和数据库行业之间的匹配，将食品制造业、饮料制造业、烟草制品业合并为食品、饮料制造及烟草业，将纺织业、纺织服装、鞋帽制造业合并为纺织品及服装制造业，将造纸及纸制品业、印刷业和记录媒介的复印合并为造纸、印刷及出版业，将橡胶制品业和塑料制品业合

---

① 数据库的匹配能够保证计量模型各变量所包含的制造业行业一致，是进行实证分析的前提条件。

并为橡胶与塑料制品业，将黑色金属冶炼及压延加工业、有色金属冶炼及压延加工业合并为金属冶炼及压延加工业，将通用设备制造业、专用设备制造业、电气机械及器材制造业、仪器仪表及文化办公机械制造业合并为机械制造业，从而得到合并后的食品、饮料制造及烟草业，纺织品及服装制造业，皮革、毛皮、羽毛（绒）及其制品业，木材加工及木、竹、藤棕草制品业，造纸、印刷及出版业，石油加工、炼焦及核燃料加工业，化学原料及化学制品制造业，橡胶与塑料制品业，非金属矿物制品业，金属冶炼及压延加工业，机械制造业，交通运输设备制造业等制造业行业。

在生产性服务与结构软化提升中国制造业国际竞争力的产业类型差异分析部分中，将制造业分为劳动密集型产业、资本密集型产业和技术密集型产业三类。其中劳动密集型产业包括食品、饮料制造及烟草业，纺织品及服装制造业，皮革、木材加工及木、竹、藤棕草制品业，造纸、印刷及出版业，橡胶与塑料制品业，非金属矿物制品业；资本密集型产业包括石油加工、炼焦及核燃料加工业，金属冶炼及压延加工业；技术密集型产业包括化学原料及化学制品制造业、机械制造业、交通运输设备制造业。

在生产性服务与结构软化提升中国制造业国际竞争力的产业成长阶段差异分析部分中，根据各产业工业总产值增长率和销售收入增长率的不同，将制造业分为成长期产业和成熟期产业两类。其中成长期产业包括食品、饮料制造及烟草业，石油加工、炼焦及核燃料加工业，化学原料及化学制品制造业，橡胶与塑料制品业，非金属矿物制品业，交通运输设备制造业；成熟期产业包括纺织品及服装制造业，木材加工及木、竹、藤棕草制品业，造纸、印刷及出版业，金属冶炼及压延加工业，机械制造业。

在生产性服务与结构软化提升中国制造业国际竞争力的产业组织结构类型差异分析部分中，根据各产业国有经济参与度与市场集中度的不同，将制造业分为竞争性产业和垄断性产业。其中竞争性产业包括食品、饮料制造及烟草业，纺织品及服装制造业，木材加工及木、竹、藤棕草制品业，造纸、印刷及出版业，化学原料及化学制品制造业，橡胶与塑料制品业，非金属矿物制品业，机械制造业；垄断性行业包括石油加工、炼焦及核燃料加工业、金属冶炼及压延加工业、交通运输设备制造业（见表 5 - 1）。

表5－1　　　　　　　　　　不同种类制造业行业细分依据

不同产业类型划分标准	不同成长阶段划分标准	不同组织结构类型划分标准
各类生产要素投入比重	工业总产值增长率	国有经济参与度
企业职工学历构成	销售收入增长率	市场集中度

5.2.2　指标测定

采用显示性比较优势指数（简称 RCA 指数）来衡量制造业产品层面国际竞争力水平。计算公式为：$RCA_{ij} = \dfrac{X_{ij}/X_i}{X_{wj}/X_w}$，其中 RCA_{ij} 表示 i 国第 j 类商品的显示性比较优势指数，具体指标解释参见第 3 章第 1 节。一般情况下，如果 $RCA_{ij} < 1$，表明 i 国在 j 类商品上处于比较劣势，该类商品的国际竞争力较弱；如果 $RCA_{ij} > 1$，表明 i 国在 j 类商品上处于比较优势，该类商品的国际竞争力较强。显示性比较优势指数越大，表明该类产品在国际市场上越具有竞争力；采用基于 GVC 收入的 RCA 指数作为基于 GVC 的国际竞争力量化指标，GVC 收入是指某国直接或间接参与全球某一种最终产品的生产所获得的增加值收入，计算公式为：$RCA_{is} = \dfrac{GVC_i^s/GVC_w^s}{GVC_i/GVC_w}$，其中 GVC_i^s 表示 i 国 s 产品的 GVC 收入，GVC_w^s 表示世界 s 产品的 GVC 收入，GVC_i 表示 i 国所有产品的 GVC 收入，GVC_w 表示世界所有产品的 GVC 收入；选取批发零售业与制造业融合度作为批发零售服务软化制造业程度的量化指标，计算公式为制造业生产过程中的批发零售业投入/制造业总产出；选取交通运输业与制造业融合度作为交通运输服务软化制造业程度的量化指标，计算公式为制造业生产过程中的交通运输业投入/制造业总产出；选取金融业与制造业融合度作为金融服务软化制造业程度的量化指标，计算公式为制造业生产过程中的金融业投入/制造业总产出；选取租赁和商务服务业与制造业融合度作为租赁和商务服务服务软化制造业程度的量化指标，计算公式为制造业生产过程中的租赁和商务服务业投入/制造业总产出；由于数据的可获得性，用教育业替代科学研究和综合技术服务业，选取教育业与制造业融合度作为教育服务软化制造业程度的量化指标，计算公式为制造业生产过程中的教育业投入/制造业总产出；经济自由度计算公式为：行业"三资"企业总资产/行业总资产；选取行业产品销售收入作为制造业行业规模的量化指标；资本深化水平计算公式为：行业总资产/行业全部就业人数；环境规制强度计算公式为：行业废水和废气治理运行费用/行业工业增加值；高技术资本密集度计算公式为：行业微电子控制设备价值/行业全部生产设备价值。

5.2.3 数据来源

考虑到数据可得性的限制及各变量选取年份的一致性：RCA 指数来源于联合国贸易与发展会议数据库 2001～2014 年数据，与中国《国民经济行业分类代码》中制造业行业的对应关系进行整理和计算，其中的对应关系以盛斌（2002）的分类标准为依据；基于 GVC 收入的 RCA 指数、批发零售业与制造业融合度、交通运输业与制造业融合度、金融业与制造业融合度、租赁和商务服务业与制造业融合度、教育业与制造业融合度是根据世界投入产出数据库中的世界投入产出数据表 2001～2014 年各期数据计算而得；经济自由度、行业产品销售收入、资本深化水平是根据《中国统计年鉴》2002～2015 年各期数据计算而得；环境规制强度是根据《中国环境年鉴》2002～2015 年各期数据计算而得；高技术资本密集度是根据《中国科技统计年鉴》2002～2015 年各期数据计算而得。

5.3 计量模型、实证结果与分析

5.3.1 产业类型差异的实证分析

1. 模型设计

（1）模型建立。以分别反映制造业产品层面国际竞争力的 RCA 指数和基于 GVC 收入的 RCA 指数为模型的被解释变量，以分别反映批发零售服务软化制造业程度、交通运输服务软化制造业程度、金融服务软化制造业程度、租赁和商务服务软化制造业程度、教育服务软化制造业程度的批发零售业与制造业融合度、交通运输业与制造业融合度、金融业与制造业融合度、租赁和商务服务业与制造业融合度、教育业与制造业融合度作为模型的核心解释变量，以经济自由度、行业规模、资本深化水平作为模型的控制变量。利用 Stata10 计量软件对被解释变量与解释变量进行实证分析。模型的基本形式为：

$$RCA_{it} = a_0 + a_1 \cdot DIWRM_{it} + a_2 \cdot DITM_{it} + a_3 \cdot DIFM_{it} + a_4 \cdot DILBM_{it}$$
$$+ a_5 \cdot DIEM_{it} + \Theta X_{it} + \varepsilon_{it} \tag{5.1}$$

其中控制变量 X_{it} 包括：

$$X_{it} = \beta_1 \cdot EF_{it} + \beta_2 \cdot PSRI_{it} + \beta_3 \cdot LCD_{it}$$

其中 RCA 先后取制造业产品层面国际竞争力指数和基于 GVC 收入的 RCA 指数，从而形成以制造业产品国际竞争力为被解释变量和 GVC 下制造业国际竞争力为被解释变量两个模型；$DIWRM$ 为批发零售业与制造业融合度，$DITM$ 为交通运输业与制造业融合度，$DIFM$ 为金融业与制造业融合度，$DILBM$ 为租赁和商务服务业与制造业融合度，$DIEM$ 为教育业与制造业融合度，EF 为经济自由度，$PSRI$ 为行业产品销售收入，LDC 为资本深化水平。

为消除异方差、采取弹性分析，对被解释变量与解释变量分别取对数。取对数后模型的基本形式为：

$$\ln RCA_{it} = \alpha_0 + \alpha_1. \ln DIWRM_{it} + \alpha_2. \ln DITM_{it} + \alpha_3. \ln DIFM_{it} + \alpha_4. \ln DILBM_{it}$$
$$+ \alpha_5. \ln DIEM_{it} + \beta_1. \ln EF_{it} + \beta_2. \ln PSRI_{it} + \beta_3. \ln LCD_{it} + \varepsilon_{it}$$

（2）模型检验。首先，通过沃尔德（wald）检验，制造业产品国际竞争力为被解释变量模型和 GVC 下制造业国际竞争力为被解释变量模型的劳动密集型行业、资本密集型行业、技术密集型行业三个面板数据均应采用个体效应模型而非混合效应模型来检验。其次，通过豪斯曼（Hausman）检验，两个模型的劳动密集型行业、资本密集型行业、技术密集型行业均采用固定效应模型。因此，应采用个体固定效应模型估计两个模型的劳动密集型、资本密集型和技术密集型行业三个面板数据。最后，还须考虑面板数据模型估计的两个问题：一个是不同制造业行业的组间异方差问题；另一个是同一制造业部门内的组内自相关问题。分别采用沃尔德检验的 LR 统计量和伍尔德里奇（Wooldridge）提出的 F 统计量来进行检验。检验结果表明，制造业产品国际竞争力为被解释变量模型的劳动密集型行业面板数据存在组间异方差和组内自相关问题，资本密集型行业和技术密集型行业面板数据存在组间异方差，不存在组内自相关，应采用可行广义最小二乘法（FGLS）估计，GVC 下制造业国际竞争力为被解释变量模型的劳动密集型行业存在组间异方差和组内自相关，技术密集型行业面板数据存在组内自相关，不存在组间异方差，应采用 FGLS 法估计、资本密集型行业面板数据不存在组间异方差和组内自相关，采用固定效应估计。

2. 实证结果与分析

劳动密集型行业、资本密集型行业、技术密集型行业的两种模型的回归结果如表 5 - 2 所示。

表 5 - 2　　　　生产性服务与结构软化提升制造业国际
竞争力的产业类型差异回归结果

解释变量	劳动密集型行业		资本密集型行业		技术密集型行业	
	模型 1	模型 2	模型 1	模型 2	模型 1	模型 2
	FGLS	FGLS	FGLS	RE	FGLS	FGLS
DIWRM	0.7535 *** (6.78)	0.3086 *** (2.78)	0.1105 (0.61)	0.2162 ** (2.41)	0.4920 ** (2.39)	0.3317 * (1.91)
DITM	0.1706 *** (2.61)	0.2005 *** (7.72)	0.0203 * (1.79)	0.1182 ** (2.23)	0.1865 ** (2.42)	0.5705 ** (2.35)
DIFM	0.0935 ** (2.08)	0.0589 * (1.91)	0.8115 ** (2.41)	0.2239 * (1.83)	0.1617 ** (2.01)	0.1242 ** (1.98)
DILBM	0.2216 *** (2.65)	0.1906 *** (5.05)	0.9072 ** (2.26)	0.3882 (0.76)	0.1745 ** (2.28)	0.2552 ** (2.45)
DIEM	0.0635 (0.65)	0.0198 * (1.81)	0.0106 * (2.69)	0.0316 ** (2.51)	0.5614 * (1.81)	0.9945 ** (2.46)
EF	0.1732 (0.60)	- 0.0036 * (- 1.73)	0.0215 (0.59)	- 0.0685 * (- 1.85)	0.2685 ** (2.09)	- 0.0163 ** (- 2.13)
PSRI	0.1543 ** (2.07)	0.0705 *** (8.39)	0.1104 ** (2.09)	0.3131 ** (2.29)	0.2105 * (1.81)	0.3214 * (1.70)
LCD	0.5115 (0.68)	0.6574 (1.45)	0.8864 *** (3.02)	0.8989 ** (2.48)	0.5265 (1.43)	0.4613 (0.65)
似然比异方差检验统计量	215.31 ***	229.78 ***	230.49 ***		83.60 ***	1.36
伍尔德里奇自相关检验统计量	6.947 **	5.879 **	6.090 **		4.367	154.107 **
豪斯曼检验统计量				8.84		

注：①括号内数值为相应 t 统计量（FE 模型）或 z 统计量（FGLS 模型）。②表中各项结果是根据 stata10 软件计算而得；" * "" ** "" *** "分别代表系数在 10%、5% 和 1% 水平下通过显著性检验。

　　由表 5 - 2 可知，在劳动密集型行业两个模型中，批发零售业与制造业融合度、交通运输业与制造业融合度、租赁和商务服务业与制造业融合度回归系数明显大于金融业与制造业融合度和教育业与制造业融合度，说明劳动密集型产业由于研发投入相对较少，劳动投入比重相对较大，对技术和装备的依赖程度较低，产品差异化程度较大，产品具有最终消费特征等，使得劳动密集型行业对批发零售业、交通运输业和商务服务业等为终端消费服务的生产性服务业需求较大，导致批发零售业、交通运输业和商务服务软化从而提升劳动密集型行业国际竞争力效果较为明显；在资本密集型行业第一个模型中，金融服务业、租赁与商务服务业与制造业融合度的回归系数明显大于其他生产性服务业与制造业融合度的回归系数，说明资本密集型行业由于对资金需求较大，产品的研发投入相对较少，技术操作要求较高，一般为中间产品，为下游部门的进一步生产提供资源和生产设备，产品的差异化程度较小，使得资本密集型行业对金融服务、商务服务业中的企业生产管理服务等主要为生产过程服务的生产性服务业需求较大，导致金融服务、商务服务等生产性服务软化从而提升资本密集型行业国际竞争力的效果较为明显。在第二个模型中，租赁与商务服务业与制造业融合度的回归系数没有通过显著性检验，原因在于发达国家跨国公司及国际大买商控制了全球价值链的战略环节和资源，把握了话语权，使中国制造业企业所处的加工组装环节处于"微利化"境地，因而通过加强生产管理提高企业获利能力的效果不明显；在技术密集型行业的两个模型中，批发零售业与制造业融合度、交通运输业与制造业融合度、商务服务业与制造业融合度和教育业与制造业融合度的回归系数明显大于金融业与制造业融合度的回归系数，说明技术密集型行业由于研发投入相对较多，技术创新能力较强，科技人员比重较高，产品差异化程度较大，技术性能复杂且更新换代较为迅速，产品一般兼备中间产品和最终消费产品特征，使得技术密集型行业对教育业、批发零售业、交通运输业和商务服务业等生产性服务业需求较大，导致这些生产性服务软化从而提升技术密集型行业国际竞争力的效果较为明显。

　　此外，模型 1 中劳动密集型行业和资本密集型行业的经济自由度没有通过显著性检验，而技术密集型行业通过了显著性检验，系数为正与预期相符，说明只有当某一行业技术水平达到一定程度时，才能够通过对外开放提高自身国际竞争力。模型 2 中三种类型行业的经济自由度回归系数均显著为负，说明较高的经济自由度意味着行业中外资企业占有较高比重。

外资企业一般具有较强的研发和品牌建设能力，能够将中国制造业企业锁定在 GVC 低端环节，严重阻碍了其在 GVC 中国际竞争力的提升；模型 1 和模型 2 中三种类型行业的行业规模均通过了显著性检验，系数为正与预期相符，说明行业规模的扩大能够降低成本、提高效率，增强国际竞争力；模型 1 和模型 2 中劳动密集型行业和技术密集型行业的资本深化水平没有通过显著性检验，而资本密集型行业通过了显著性检验，系数为正与预期相符，说明资本深化水平的提高对提升资本密集型行业国际竞争力较为明显，而对其他类型行业不明显。

被解释变量分别为制造业产品国际竞争力和 GVC 下制造业国际竞争力的两个模型回归系数的显著性和符号几乎没有差异，说明模型形式（1）具有较强的稳健性。

因此，除信息传输、计算机服务与软件业相关数据无法获取外，以上实证结果和分析基本上验证了本书理论假设 1，即不同产业类型制造业行业自身特征的不同导致其对生产性服务需求类型的不同，从而导致生产性服务与结构软化提升制造业国际竞争力存在产业类型差异。

5.3.2　产业成长阶段差异的实证分析

1. 模型设计

（1）模型建立。以分别反映制造业产品层面国际竞争力的 RCA 指数和基于 GVC 收入的 RCA 指数为模型的被解释变量，以分别反映批发零售服务软化制造业程度、交通运输服务软化制造业程度、金融服务软化制造业程度、租赁和商务服务软化制造业程度、教育服务软化制造业程度的批发零售业与制造业融合度、交通运输业与制造业融合度、金融业与制造业融合度、租赁和商务服务业与制造业融合度、教育业与制造业融合度作为模型的核心解释变量，以资本深化水平、环境规制强度作为模型的控制变量。利用 Stata10 计量软件对被解释变量与解释变量进行实证分析。模型的基本形式为：

$$RCA_{it} = a_0 + a_1 \cdot DIWRM_{it} + a_2 \cdot DITM_{it} + a_3 \cdot DIFM_{it} + a_4 \cdot DILBM_{it}$$
$$+ a_5 \cdot DIEM_{it} + \Theta X_{it} + \gamma_i + \gamma_t + \varepsilon_{it} \tag{5.2}$$

其中控制变量 X_{it} 包括：

$$X_{it} = \beta_1 \cdot LCD_{it} + \beta_2 \cdot IER_{it} + \beta_3 \cdot IER_{it}^2$$

其中 *RCA* 表示制造业产品层面国际竞争力；*IRR* 和 *IER*^{2} 分别表示环境规制强度及其平方项，其余变量含义同模型形式（5.1）。

为消除异方差、采取弹性分析，对被解释变量与解释变量分别取对数。取对数后模型的基本形式为：

$$\ln RCA_{it} = \alpha_0 + \alpha_1. \ln DIWRM_{it} + \alpha_2. \ln DITM_{it} + \alpha_3. \ln DIFM_{it} + \alpha_4. \ln DILBM_{it}$$
$$+ \alpha_5. \ln DIEM_{it} + \beta_1. \ln LCD_{it} + \beta_2. \ln IER_{it} + \beta_3. \ln IER_{it}^2 + \gamma_i + \gamma_t + \varepsilon_{it}$$

（2）模型检验。首先，通过沃尔德（wald）检验，成长期产业和成熟期产业两个面板数据均应采用个体效应模型而非混合效应模型来检验；其次，通过豪斯曼（Hausman）检验，成长期产业和成熟期产业两个面板数据均应均采用固定效应模型。因此，应采用个体固定效应模型估计成长期产业和成熟期产业两个面板数据。最后，分别采用沃尔德检验的 LR 统计量和伍尔德里奇提出的 F 统计量来检验两个面板数据是否存在组间异方差和组内自相关问题。检验结果表明，成长期产业和成熟期产业两个面板数据均存在组间异方差和组内自相关问题，应采用 FGLS 法来估计。

2. 实证结果与分析

成长期产业和成熟期产业两个面板数据的回归结果如表 5 – 3 所示。

表 5 – 3　　　生产性服务与结构软化提升制造业国际竞争力的
产业成长阶段差异回归结果

解释变量	成长期产业		成熟期产业	
	FE	FGLS	FE	FGLS
DIWRM	0. 0827 ** (2. 59)	0. 1244 *** (10. 06)	0. 1362 (1. 13)	0. 1560 *** (3. 52)
DITM	0. 5118 ** (2. 16)	0. 6171 *** (6. 28)	0. 1757 ** (2. 38)	0. 6047 *** (4. 83)
DIFM	0. 2677 (1. 45)	0. 3566 *** (10. 16)	0. 0551 ** (2. 02)	0. 1625 *** (4. 07)
DILBM	0. 1397 (1. 51)	0. 1512 ** (2. 07)	0. 2325 (1. 75)	0. 3341 *** (8. 62)
DIEM	0. 3745 ** (2. 22)	0. 3830 *** (4. 68)	0. 0615 ** (2. 49)	0. 0742 ** (2. 63)

续表

解释变量	成长期产业		成熟期产业	
	FE	FGLS	FE	FGLS
LCD	0.3219 ** (2.25)	0.2111 *** (7.71)	0.2345 ** (2.52)	0.5205 *** (9.25)
IER	−0.1064 (−0.23)	−0.1024 ** (−1.96)	−0.0140 (−0.20)	−0.0389 *** (−2.71)
IER^2	0.0463 (0.30)	0.0391 *** (4.35)	−0.0037 (−0.11)	−0.0042 * (−1.89)
行业	控制	—	控制	—
时间	控制	—	控制	—
似然比异方差检验统计量		45.69 ***		98.50 ***
伍尔德里奇自相关检验统计量		16.834 ***		20.145 ***
豪斯曼检验统计量	81.64 ***		70.59 ***	

注：①括号内数值为相应 t 统计量（FE 模型）或 z 统计量（FGLS 模型）。②表中各项结果是根据 stata10 软件计算而得；" * "" ** "" *** "分别代表系数在 10%、5% 和 1% 水平下通过显著性检验。

由表 5 - 3 可知，成长期产业和成熟期产业各类生产性服务业与制造业融合度均通过了显著性检验，系数为正与预期相符。成长期产业的交通运输与制造业融合度、金融业与制造业融合度、教育业与制造业融合度回归系数明显大于批发零售业与制造业融合度和租赁及商务服务业与制造业融合度。成长期产业一般会加大研发资金和人员投入，不断提升自身的核心竞争力，产业规模不断扩大，市场需求不断增加，使得成长期产业对交通运输业、金融业和教育业等生产性服务业需求较大，导致这些生产性服务软化从而提升成长期产业国际竞争力效果较为明显；成熟期产业的交通运输业与制造业融合度、租赁和商务服务业与制造业融合度回归系数明显大于其他生产性服务业与制造业融合度。成熟期产业规模较大且达到顶峰，市场需求开始饱和，出现产能过剩现象，产品价格开始下降，利润空间变小，维持市场份额开始变得较为困难，企业之间的非价格战愈演愈烈，使得成熟期产业对交通运输业、租赁与商务服务业等生产性服务业需求较大，导致这些生产性服务软化从而提升成熟期产业国际竞争力效果较为明显。

此外，成长期产业和成熟期产业资本深化水平均通过了显著性检验，系数为正与预期相符，说明资本深化水平的提高能够提高劳动生产率，从而提高行业国际竞争力水平；环境规制强度在成长期产业和成熟期产业中通过了显著性检验，系数为负与预期相符。环境规制强度平方项在成长期产业中显著为正，在成熟期产业中显著为负，说明成长期产业创新能力较强，其进行创新带来的正效应大于环境规制强度增加带来的负效应，从而随着环境规制强度的增加，其国际竞争力出现了先下降后上升的现象。

3. 稳健性检验

为了检验生产性服务与结构软化提升制造业国际竞争力的产业成长阶段差异回归结果是否在一定程度上具有稳健性，我们采取了对所有观测值进行去除极端值的方法。

由表 5 - 4 可知，删除极端值前后各类生产性服务业与制造业融合度及控制变量回归系数的符号与显著性几乎没有发生变化，说明生产性服务与结构软化提升制造业国际竞争力的产业成长阶段差异回归结果具有较强的稳健性。

表 5 - 4　　去除极端值后的生产性服务与结构软化提升制造业
国际竞争力的产业成长阶段差异回归结果

解释变量	成长期产业		成熟期产业	
	FE	FGLS	FE	FGLS
DIWRM	0. 1044 ** (2. 22)	0. 1396 *** (4. 35)	0. 1530 (0. 96)	0. 1493 ** (2. 07)
DITM	0. 6236 ** (2. 19)	0. 5051 *** (12. 13)	0. 1499 * (1. 88)	0. 6370 ** (2. 29)
DIFM	0. 4412 (1. 21)	0. 1890 *** (5. 09)	0. 0704 ** (2. 24)	0. 1596 *** (3. 78)
DILBM	0. 1696 (0. 54)	0. 0801 ** (2. 19)	0. 2682 (0. 61)	0. 4731 *** (7. 69)

续表

解释变量	成长期产业		成熟期产业	
	FE	FGLS	FE	FGLS
DIEM	0.2873 ** (2.18)	0.2263 ** (2.13)	0.1041 ** (2.35)	0.0449 * (1.71)
LCD	0.5315 * (1.74)	0.2504 *** (3.95)	0.2688 ** (2.42)	0.4731 *** (8.32)
IER	−0.1749 (−1.67)	−0.0911 ** (−2.06)	−0.0360 (−0.32)	−0.0613 ** (−2.33)
IER^2	0.1061 (0.92)	0.0322 *** (3.81)	−0.0261 (−0.16)	−0.0084 ** (−2.27)
行业	控制	—	控制	—
时间	控制	—	控制	—
似然比异方差检验统计量		87.80 ***		103.11 ***
伍尔德里奇自相关检验统计量		126.800 ***		18.414 ***
豪斯曼检验统计量	59.47 ***		70.62 ***	

注：①括号内数值为相应 t 统计量（FE 模型）或 z 统计量（FGLS 模型）。②表中各项结果是根据 stata10 软件计算而得；"＊""＊＊""＊＊＊"分别代表系数在 10%、5% 和 1% 水平下通过显著性检验。

因此，除信息传输、计算机服务与软件业相关数据无法获取外，以上实证结果和分析基本上验证了本书理论假设 2，即不同成长阶段制造业产业自身特征的不同导致其对生产性服务需求类型的不同，从而导致生产性服务与结构软化提升制造业国际竞争力存在产业成长阶段差异。

5.3.3 产业组织结构类型差异的实证分析

1. 模型设计

（1）模型建立。以分别反映制造业产品层面国际竞争力的 RCA 指数和基于 GVC 收入的 RCA 指数为模型的被解释变量，以分别反映批发零售服务软化制造业程度、交通运输服务软化制造业程度、金融服务软化制造业程度、租赁和商务服务软化制造业程度、教育服务软化制造业程度的批发零售业与制造业融合度、交通运输业与制造业融合度、金融业与制造业融合度、租赁和商务服务业与制造业融合度、教育业与制造业融合度作为模型的核心解释变量，以高技术资本密集度、经济自由度、行业规模作为模型的控制变量。利用 Stata10 计量软件对被解释变量与解释变量进行实证分析。模型的基本形式为：

$$RCA_{it} = a_0 + a_1 \cdot DIWRM_{it} + a_2 \cdot DITM_{it} + a_3 \cdot DIFM_{it} + a_4 \cdot DILBM_{it}$$
$$+ a_5 \cdot DIEM_{it} + \Theta X_{it} + \varepsilon_{it} \tag{5.3}$$

其中控制变量 X_{it} 包括：

$$X_{it} = \beta_1 \cdot IHTC_{it} + \beta_2 \cdot EF_{it} + \beta_3 \cdot PSRI_{it}$$

其中 RCA 先后取制造业产品层面国际竞争力指数和基于 GVC 收入的 RCA 指数，从而形成以制造业产品国际竞争力为被解释变量和 GVC 下制造业国际竞争力为被解释变量两个模型；$IHTC$ 为高技术资本密集度，其余变量含义同模型形式（5.1）和模型形式（5.2）。

为消除异方差、采取弹性分析，对被解释变量与解释变量分别取对数。取对数后模型的基本形式为：

$$\ln RCA_{it} = \alpha_0 + \alpha_1. \ln DIWRM_{it} + \alpha_2. \ln DITM_{it} + \alpha_3. \ln DIFM_{it} + \alpha_4. \ln DILBM_{it}$$
$$+ \alpha_5. \ln DIEM_{it} + \beta_1. \ln IHTC_{it} + \beta_2. \ln EF_{it} + \beta_3. \ln PSRI_{it} + \varepsilon_{it}$$

（2）模型检验。首先，通过沃尔德（wald）检验，制造业产品国际竞争力为被解释变量模型和 GVC 下制造业国际竞争力为被解释变量模型的竞争性行业、垄断性行业两个面板数据均应采用个体效应模型而非混合效应模型来检验。其次，通过豪斯曼（Hausman）检验，竞争性行业、垄断性行业两个面板数据均采用固定效应模型。因此，应采用个体固定效应模型估计两个模型的竞争性行业、垄断性行业两个面板数据。最后，分别采用沃尔德检验的 LR 统计量和伍尔德里奇提出的 F 统计量来检验竞争性行业、垄断性行业两个面板数据是否存在组间异方差和组内自相关问题。检验结果表明，制造业产品国际竞争力为被解释变量模型的竞争性行业面板数据同时存在组间异方差和组内自相关问题，垄断性行业面板数据存在组间异方差，不存在组内自相关，均应采用 FGLS 法估计；GVC 下制造业国际竞争力为被解释变量模型的竞争性行业面板数据存在组间异方差和组内自相关，垄断性行业面板数据存在组内自相关，不存在组间异方差，均应采用 FGLS 法估计。

2. 实证结果与分析

竞争性行业、垄断性行业两种模型的回归结果如表 5 – 5 所示。

表 5 – 5　　　生产性服务与结构软化提升制造业国际竞争力的产业
组织结构类型差异回归结果

解释变量	竞争性行业		垄断性行业	
	模型 1	模型 2	模型 1	模型 2
	FGLS	FGLS	FGLS	FGLS
DIWRM	0. 0735 *** (3. 49)	0. 1183 *** (4. 43)	0. 3356 ** (2. 36)	0. 0774 * (1. 79)
DITM	0. 1243 ** (2. 14)	0. 1663 ** (2. 11)	0. 3429 * (1. 76)	0. 3174 * (1. 78)
DIFM	0. 0997 *** (3. 79)	0. 0208 ** (2. 39)	0. 0343 * (1. 80)	0. 0152 * (1. 87)
DILBM	0. 2460 *** (4. 70)	0. 1402 *** (3. 55)	0. 5836 ** (2. 43)	0. 6174 ** (2. 19)
DIEM	0. 1023 ** (2. 46)	0. 0498 ** (2. 45)	0. 0452 ** (2. 24)	0. 0140 * (1. 82)
IHTC	0. 2977 *** (16. 53)	0. 1402 *** (6. 46)	0. 2836 * (1. 83)	0. 0358 ** (2. 28)
EF	0. 1467 *** (5. 74)	– 0. 0743 *** (– 7. 54)	– 0. 0331 * (– 1. 66)	– 0. 0165 ** (– 2. 27)
PSRI	0. 0885 *** (4. 70)	0. 0140 *** (5. 63)	0. 0292 * (1. 90)	0. 3433 (0. 70)
似然比异方差 检验统计量	146. 12 ***	115. 90 ***	74. 92 ***	1. 51
伍尔德里奇自相 关检验统计量	3. 740 *	130. 280 ***	0. 001	30. 341 **

注：①括号内数值为相应 t 统计量（FE 模型）或 z 统计量（FGLS 模型）。②表中各项结果是根据 stata10 软件计算而得；"＊""＊＊""＊＊＊"分别代表系数在 10%、5% 和 1% 水平下通过显著性检验。

由表 5-5 可知，两个模型中竞争性行业和垄断性行业的各类生产性服务业与制造业融合度均通过了显著性检验，系数为正与预期相符。在竞争性行业两个模型中，交通运输服务业、租赁和商务服务业与制造业融合度回归系数明显大于其他生产性服务业与制造业融合度。说明竞争性行业厂商之间的价格竞争较为激烈，产品成本和质量的高低相对重要，使得竞争性行业对交通运输服务、商务服务中的企业生产管理服务需求较大，导致交通运输服务、商务服务等生产性服务软化从而提升竞争性行业国际竞争力的效果较为明显；在垄断性行业的两个模型中，租赁和商务服务业与制造业融合度回归系数明显大于其他生产性服务业与制造业融合度。垄断性行业产品差异程度较大，使得垄断性行业对商务服务中的包装服务和广告服务需求较大，从而导致商务服务等生产性服务软化从而提升垄断性行业国际竞争力的效果较为明显。

此外，两个模型的竞争性行业和垄断性行业高技术资本密集程度通过了显著性检验，符号为正与预期相符，较高的高技术资本密集度意味着某一制造业行业高端设备占有比重较大，有利于提升自身国际竞争力水平；模型 1 中竞争性行业经济自由度通过了显著性检验，系数为正与预期相符，说明外商投资能够使我国出口产品结构不断优化升级，从而提升国际竞争力水平。垄断性行业系数为负，原因可能在于外资企业数量增加削弱了其市场势力。模型 2 中两类行业经济自由度通过了显著性检验，系数为负与预期相符。

被解释变量分别为制造业产品国际竞争力和 GVC 下制造业国际竞争力的两个模型回归系数的显著性和符号几乎没有差异，说明模型形式（5.3）具有较强的稳健性。

因此，以上实证结果和分析验证了本书理论假设 3，即不同产业组织结构类型制造业行业自身特征的不同导致其对生产性服务需求类型的不同，从而导致生产性服务与结构软化提升制造业国际竞争力存在产业组织结构类型差异。

5.4 本章小结

本章从理论和实证上分析了制造业结构软化的行业路径差异。按照产业类型的不同分析了劳动密集型产业、资本密集型产业和技术密集型产业，按照产业成长阶段的不同分析了成长期产业和成熟期产业，按照产业组织结构类型的不同分析了垄断性产业和竞争性产业等。研究结论表明：

第一，生产性服务与结构软化提升制造业国际竞争力存在产业类型差异：批发零售等为终端消费服务的生产性服务提高劳动密集型产业结构软化度从而提升其国际竞争力效果较为明显；金融服务、信息传输、计算机和软件服务等主要为生产过程服务的生产性服务提高资本密集型产业结构软化度从而提升其国际竞争力的效果较为明显；科学研究服务和为终端消费服务的生产性服务提高技术密集型产业结构软化度从而提升其国际竞争力的效果较为明显。

第二，生产性服务与结构软化提升制造业国际竞争力存在产业成长阶段差异：科学研究与综合技术服务、信息传输、计算机和软件服务、金融服务、交通运输服务等生产性服务提高成长期产业结构软化度从而提升其国际竞争力的效果较为明显；信息传输、计算机和软件服务、交通运输服务、商务服务等生产性服务提高成熟期产业结构软化度从而提升其国际竞争力的效果较为明显。

第三，生产性服务与结构软化提升制造业国际竞争力存在产业组织结构类型差异：商务服务、交通运输服务等生产性服务提高竞争性产业结构软化度从而提升其国际竞争力效果较为明显；商务服务提高垄断性产业结构软化度从而提升其国际竞争力的效果较为明显。

第6章

生产性服务与结构软化对制造业国际
竞争力影响的区域差异分析

6.1　理　论　分　析

6.1.1　区域间生产性服务业发展状况的差异性分析

根据社会经济发展水平的差异，可以将中国划分为不同的经济区域。不同经济区域经济发展水平、政府对生产性服务业的扶持力度、制造业与生产性服务业互动程度、生产性服务业集聚水平、人才支撑力度、市场化程度、对外开放程度等的不同会导致区域内生产性服务业发展水平的差异。本节选取中国三个各具特色的经济区域，即东北经济区、长江三角洲经济区和珠江三角洲经济区来分析生产性服务业发育程度的区域差异性。

1. 东北经济区生产性服务业发展状况分析

东北经济区是中国最大的重工业基地，区域内工业体系较为完备，制造业门类相对齐全且较为发达。然而区域内生产性服务业发展水平较低，与全国生产性服务业发达地区相比较为落后。东北地区生产性服务业发展主要存在以下两个问题：

第一，区域内生产性服务业整体发展水平偏低，明显落后于生产性服务业发达地区。以吉林省为例，2014年吉林生产性服务业增加值占服务业增加值比重为 52.65%，而广东这一比例为 61.61%；同年吉林省生产性服务业增加值占地区生产总值的比重为 17.64%，广东这一比例为 30.18%；同年吉林生产性服务业从业人数比重为 4.19%，广东这一比例为 21.37%。原因在于：首先，区域内各级政府对"两业"的互动关系重视不够，没有履行好"两业"互动发展战略责任。其次，受传统的经济体制影响，区域内绝大多数制造业采取自给自足的生产方式，很多服务环节由企业内部解决，对"两业"的互动发展产生不利的影响。再次，东北地区市场化程度较低，使得生产性服务业行业壁垒较高，严重影响了生产性服务业的有效供给和"两业"的互动。最后，地区内产学研互动机制不健全导致了科研成果向产业转化的低效率，阻碍了"两业"的互动；人才支撑不够强大，东北地区的生产性服务业特别是较为高端的生产性服务业从业人员相对发达地区较少；生产性服务业的集聚效应不明显，区域内很多地方生产性服务业集聚式发展刚刚起步且较为缓慢，公共服务作用较弱，从而不能充分获取集聚经济带来的外部经济效应、创新效应、竞争效应等，不利于生产性服务业的发展壮大（见表 6-1）。

表 6-1　　　　东北经济区部分年份生产性服务业从业人数　　　　单位：万人

年份	总计	批发和零售业	交通运输、仓储和邮政业	信息传输、计算机服务与软件业	金融业	租赁与商务服务业	科学研究与综合技术服务业
2010	217.66	42.81	68.93	17.39	38.50	20.22	29.81
2011	233.8	46.60	72.14	20.05	41.76	21.39	31.86
2012	237.68	45.43	73.83	19.64	45.24	18.95	34.59
2013	272.17	58.94	82.22	26.02	45.64	24.07	35.28
2014	269.06	57.87	70.50	27.15	52.82	24.56	36.16

资料来源：根据《辽宁统计年鉴》《吉林统计年鉴》《黑龙江统计年鉴》相关年份数据整理计算而得。

第二，生产性服务业区域、行业发展的不平衡。沈阳、大连、哈尔滨、长春等地区生产性服务业相对发达，而其他地区则相对落后。2014年，沈阳、大连、哈尔滨、长春四个城市生产性服务业从业人数占整个东北地区的 41.49%。原因在于沈阳、长春、哈尔滨作为省会城市、大连作为辽宁重要的经济贸易城市，具备更多生产性服务业发展的有利条件；同时生产性服务业内部结构不合理，传统型生产性服务业比重较大，新兴的生产性服务业比重较小。具体而言，批发和零售业、交通运输、仓储和邮政业等传统型生产性服务业比重较高，而信息传输、计算机服务与软件业、金融业、商务服务业、科学研究与综合技术服务业等新兴生产性服务业所占比重较低，金融业在新兴生产性服务业中比重最高（见表6-2）。

表6-2　　　东北经济区部分年份各类生产性服务业从业人数构成　　　单位：%

年份	批发和零售业	交通运输、仓储和邮政业	信息传输、计算机服务与软件业	金融业	租赁与商务服务业	科学研究与综合技术服务业
2010	19.67	31.67	7.99	17.69	9.29	13.70
2011	19.93	30.85	8.58	17.86	9.15	13.63
2012	19.11	31.06	8.26	19.03	7.97	14.55
2013	21.66	30.21	9.56	16.77	8.84	12.96
2014	21.51	26.20	10.09	19.63	9.13	13.44

资料来源：根据《辽宁统计年鉴》《吉林统计年鉴》《黑龙江统计年鉴》相关年份数据整理计算而得。

2. 长江三角洲经济区生产性服务业发展状况分析

长江三角洲经济区是中国经济发展速度最快、最具增长潜力、经济总量规模最大的地区之一，同时也是全国最大的综合性工业基地，制造业门类齐全，很多产业在全国占有举足轻重的地位。近年来，长江三角洲成为全国生产性服务业比较发达的地区之一。长角三角洲地区生产性服务业的发展现状为：

第一，区域内生产性服务业整体发展水平较高。2014年长江三角洲地区生产性服务业从业人数比重为9.73%，远高于东北地区的4.81%。原因主要表现在以下几个方面：（1）区域内生产性服务业与制造业互动性较强。一方面，区域内发展现代制造业需要大量高级生产要素的投入，这带动了生产性服务业的发展；另一方面，生产性服务业为制造业提供了人力资本和知识资本，显著促进了制造业的优化升级。（2）强大的人才支撑。长江三角洲地区高校云集，高素质人才众多，且该地区工资福利水平较高，"两业"互动物质基础较好，吸引了大量专业人才跻身生产性服务业。（3）长江三角洲的市场体系较为完备，劳动力市场、金融市场、技术市场等各类市场发育程度较高，为生产性服务业提供了良好的竞争秩序和环境，对提高生产性服务业效率意义重大（见表6-3、表6-4）。

表6-3 长江三角洲经济区部分年份生产性服务业从业人数 单位：万人

年份	总计	批发和零售业	交通运输、仓储和邮政业	信息传输、计算机服务与软件业	金融业	租赁与商务服务业	科学研究与综合技术服务业
2010	611.51	238.77	108.39	38.07	73.29	95.82	57.17
2011	657.24	250.57	116.34	49.82	83.17	100.47	56.87
2012	683.62	257.58	119.52	52.77	89.6	105.42	58.73
2013	776.95	285.98	137.97	72.83	92.06	125.5	62.61
2014	957.18	334.38	168.28	90.6	99.01	184.44	80.47

资料来源：根据《上海统计年鉴》《江苏统计年鉴》《浙江统计年鉴》相关年份数据整理计算而得。

表6-4 长江三角洲经济区部分年份各类生产性服务业从业人数构成 单位：%

年份	批发和零售业	交通运输、仓储和邮政业	信息传输、计算机服务与软件业	金融业	租赁与商务服务业	科学研究与综合技术服务业
2010	39.05	17.72	6.23	11.99	15.67	9.35
2011	38.12	17.70	7.58	12.65	15.29	8.65
2012	37.68	17.48	7.72	13.11	15.42	8.59
2013	36.81	17.76	9.37	11.85	16.15	8.06
2014	34.93	17.58	9.47	10.34	19.27	8.41

资料来源：根据《上海统计年鉴》《江苏统计年鉴》《浙江统计年鉴》相关年份数据整理计算而得。

第二，区域内生产性服务业整体内部结构日趋优化，批发和零售业、交通运输、仓储和邮政业等传统型生产性服务业比重逐渐下降，信息传输、计算机服务和软件业、租赁和商务服务业等新兴生产性服务业比重逐渐上升。主要原因在于区域内高素质专业人才数量的增加和对新兴生产性服务业重视程度的提高。

第三,生产性服务业在区域、行业间发展的不平衡。从区域分布上来看,上海市的生产性服务业主要集中在金桥、松江等地。江苏的生产性服务业主要集中在南京、苏州和无锡三市。浙江的生产性服务业主要集中在杭州、宁波、温州三市;从行业分布上来看,长江三角洲批发和零售业、交通运输、仓储和邮政业、租赁和商务服务业比重偏高,信息传输、计算机服务和软件业、金融业、科学研究和综合技术服务业比重偏低,信息传输、计算机服务和软件业、科学研究和综合技术服务业比重明显低于其他行业,产业结构层次仍需提高。

3. 珠江三角洲经济区生产性服务业发展状况分析

珠江三角洲经济区是中国最先进行改革开放的地区,是中国经济最发达和最具经济发展活力的地区之一,在全国的社会经济发展中具有举足轻重的地位。同时,珠江三角洲经济区也是中国四大工业基地之一,其特点是以轻工业为主的综合性工业基地,制造业基础雄厚。珠江三角洲是全国生产性服务业最为发达的地区之一,具有一定的先进性。珠江三角洲生产性服务业发展的现状为:

第一,区域内生产性服务业整体发展水平较高。以广州、深圳、中山、珠海和江门五个主要城市为例,2014 年以上五个城市生产性服务业从业人数比重为 30.31%,远远高于东北地区的 4.81% 和长江三角洲地区的 9.73%。原因主要表现在以下三个方面:(1)区域经济开放程度较高。珠江三角洲经济区充分发挥毗邻港澳的区位优势,抓住国际产业转移这一机遇,建立开放型经济体系,有效推动了外向型经济的高速发展。经济开放度的提升能够使珠江三角洲地区更广泛地参与国际分工与合作,从而使得该地区的生产性服务外包量不断增加。(2)完备的市场经济体系。珠江三角洲地区率先建立起了社会主义市场经济体制框架,市场化程度较高,各类市场发育较成熟,为公平竞争提供了制度保障。(3)产业集聚程度较高。珠江三角洲地区较高的产业集聚水平使得生产性服务业能够通过集聚充分获取创新效应、竞争效应等,从而迅速扩大产业规模(见表 6-5、表 6-6)。

表 6 - 5　　　2014 年珠江三角洲经济区主要城市各类生产性服务业从业人数

单位：万人

地区	总计	批发和零售业	交通运输、仓储和邮政业	信息传输、计算机服务与软件业	金融业	租赁与商务服务业	科学研究与综合技术服务业
广州	268.46	155.30	43.70	17.35	12.14	23.95	16.02
深圳	333.7	176.28	41.12	33.65	10.82	53.54	18.29
中山	34.44	22.97	4.63	1.38	1.78	3.08	0.60
珠海	28.15	17.05	3.69	2.05	1.88	2.52	0.96
江门	16.78	1.17	3.16	8.50	2.28	0.82	0.85

资料来源：根据《广东统计年鉴 2015》《深圳统计年鉴 2015》《中山统计年鉴 2015》《珠海统计年鉴 2015》《江门统计年鉴 2015》数据整理计算而得。

表 6 - 6　　2014 年珠江三角洲经济区主要城市各类生产性服务业从业人数比重

单位：%

地区	批发和零售业	交通运输、仓储和邮政业	信息传输、计算机服务与软件业	金融业	租赁与商务服务业	科学研究与综合技术服务业
广州	57.85	16.28	6.46	4.52	8.92	5.97
深圳	52.83	12.32	10.08	3.24	16.04	5.48
中山	66.70	13.44	4.01	5.17	8.94	1.74
珠海	60.57	13.11	7.28	6.68	8.95	3.41
江门	6.97	18.83	50.66	13.59	4.89	5.07

资料来源：根据《广东统计年鉴 2015》《深圳统计年鉴 2015》《中山统计年鉴 2015》《珠海统计年鉴 2015》《江门统计年鉴 2015》数据整理计算而得。

　　第二，生产性服务业区域、行业发展的不平衡。从区域分布上来看，珠江三角洲地区的生产性服务业主要集中在广州和深圳两市。2014 年，广州和深圳生产性服务业从业人数占整个珠江三角洲地区的 40% 以上。主要原因在于广东作为广东省省会，深圳作为经济特区，与其他城市相比各方面优势明显，有利于生产性服务业发展。从行业分布上来看，珠江三角洲地区生产性服务业产业层次偏低，批发和零售业等传统型的生产性服务业比重较大，而信息传输、计算机服务与软件业、金融业、科学研究与综合技术服务业等新兴生产性服务业所占比重较低。

6.1.2 区域间制造业出口结构及其国际竞争力的差异性分析

1. 东北经济区制造业出口结构及其国际竞争力分析

（1）制造业出口结构分析。2010～2014年，东北地区制造业出口总额为2825.19亿美元，重工业出口额为1351.35亿美元，占47.83％，其中原材料工业出口额为599.27亿美元，占21.21％，加工工业出口额为752.08亿元，占26.62％；轻工业出口额为1473.84亿美元，占52.17％，其中以农产品为原料的轻工业销售收入为862.1亿美元，占30.51％，以非农产品为原料的轻工业销售收入为611.74亿美元，占21.65％。该地区轻重工业较为均衡的出口结构未能和以重工业为主导的产值结构保持一致，其主要原因在于该地区制造业技术创新能力和金融服务水平较低，严重制约了该地区重工业产品的出口。该地区出口额排在前三位的制造业行业分别为纺织服装、鞋、帽制造业，出口额为497.14亿美元，占17.60％，交通运输设备制造业，出口额为346.23亿美元，占12.26％，黑色金属冶炼及压延加工业，出口额为316.16亿美元，占11.19％；重工业中销售收入排在前三位的行业为交通运输设备制造业、黑色金属冶炼及压延加工业、电气机械及器材制造业，出口额为205.61亿美元，占7.28％；轻工业中销售收入排在前三位的行业为纺织服装、鞋、帽制造业、农副食品加工业，出口额为240.98亿美元，占8.53％，通信设备、计算机及其他电子设备制造业，出口额为204.86亿美元，占7.25％。东北地区及各省份2010～2014年制造业各行业出口额如表6-7所示，鉴于数据的可得性，统计的制造业行业中不包括化学纤维制造业、废弃资源和废旧材料回收加工业。

表6-7　　　东北地区2010～2014年制造业各行业出口额　　　单位：亿美元

农副食品加工业	240.98
食品制造业	3.27
饮料制造业	1.32

续表

烟草制品业	1. 27
纺织业	49. 95
纺织服装、鞋、帽制造业	497. 14
皮革、毛皮、羽毛（绒）及其制品业	1. 18
木材加工及木、竹、藤、棕、草制品业	39. 41
家具制造业	17. 9
造纸及纸制品业	9. 11
印刷业和记录媒介的复制	4. 13
文教体育用品制造业	27. 4
石油加工、炼焦及核燃料加工业	160. 49
化学原料及化学制品制造业	118. 12
医药制造业	27. 81
橡胶和塑料制品业	28. 78
非金属矿物制品业	118. 85
黑色金属冶炼及压延加工业	316. 16
有色金属冶炼及压延加工业	72. 67
金属制品业	38. 31
通用设备制造业	25. 18
专用设备制造业	140. 6
交通运输设备制造业	346. 23
电气机械及器材制造业	205. 61
通信设备、计算机及其他电子设备制造业	204. 86
仪器仪表及文化、办公用机械制造业	119. 07
工艺品及其他制造业	9. 39

资料来源：根据《辽宁统计年鉴》《吉林统计年鉴》《黑龙江统计年鉴》及各省海关相关年份数据整理计算而得（按照国民经济行业分类的标准将各省海关进出口商品与制造业行业对应计算而得）。

（2）制造业国际竞争力分析。以 2010～2014 年为例，该地区轻工业整体国际竞争力水平高于重工业。国际竞争力排在前十位的行业为家具制造业、文教体育用品制造业、工艺品及其他制造业、烟草制品业、非金属矿物制造业、纺织服装、鞋、帽制造业、食品制造业、印刷业和记录媒介的复制、橡胶和塑料制品业、黑色金属冶炼及压延加工业。其中轻工业行业 8 个，重工业行业 2 个。东北地区 2010～2014 年制造业各行业国际竞争力水平如表 6-8 所示。由于出口和进口数据中均无废弃资源和废旧材料回收加工业，因此统计中不包括该行业。

表 6-8　　　东北地区制造业各行业 2010～2014 年平均贸易竞争力指数数值

农副食品加工业	0.0749
食品制造业	0.8066
饮料制造业	-0.1927
烟草制品业	0.9389
纺织业	0.3696
纺织服装、鞋、帽制造业	0.9101
皮革、毛皮、羽毛（绒）及其制品业	-0.4421
木材加工及木、竹、藤、棕、草制品业	0.3414
家具制造业	1
造纸及纸制品业	-0.0584
印刷业和记录媒介的复制	0.7463
文教体育用品制造业	1
石油加工、炼焦及核燃料加工业	0.0750
化学原料及化学制品制造业	0.0983
化学纤维制造业	-1
医药制造业	-0.0844
橡胶和塑料制品业	0.7051
非金属矿物制品业	0.9845
黑色金属冶炼及压延加工业	-0.0930
有色金属冶炼及压延加工业	-0.4131
金属制品业	0.0983
通用设备制造业	-0.2576
专用设备制造业	0.3553
交通运输设备制造业	0.3290

续表

电气机械及器材制造业	0.1971
通信设备、计算机及其他电子设备制造业	−0.0243
仪器仪表及文化、办公用机械制造业	0.2109
工艺品及其他制造业	0.9957

资料来源：根据《辽宁统计年鉴》《吉林统计年鉴》《黑龙江统计年鉴》及各省海关相关年份数据整理计算而得。

2. 长江三角洲经济区制造业出口结构及其国际竞争力分析

（1）制造业出口结构分析。2010～2014年，长江三角洲地区制造业出口总额为39862.98亿美元，重工业出口额为9761.06亿美元，占24.49%，其中原材料工业出口额为2624.93亿美元，占6.58%，加工工业销售收入为7136.13亿美元，占17.90%；轻工业出口额为30101.92亿美元，占75.51%，其中以农产品为原料的轻工业出口额为13074.25亿美元，占32.80%，以非农产品为原料的轻工业出口额为17027.67亿美元，占42.72%。出口额排在前三位的行业分别为通信设备、计算机及其他电子设备制造业，出口额为12783.24亿美元，占32.07%，纺织服装、鞋、帽制造业，出口额为7242.9亿美元，占18.17%，纺织业，出口额为5052.18亿美元，占12.67%；重工业中销售收入排在前三位的行业为电气机械及器材制造业，出口额为3134.68亿美元，占7.86%，交通运输设备制造业，出口额为2661.82亿美元，占6.68%；轻工业中销售收入排在前三位的行业为通信设备、计算机及其他电子设备制造业、纺织服装、鞋、帽制造业、纺织业。长江三角洲地区2010～2014年间制造业各行业出口额如表6-9所示，鉴于数据的可得性，统计的制造业行业中不包括化学纤维制造业、废弃资源和废旧材料回收加工业。

表6-9 长江三角洲地区2010～2014年制造业各行业出口额 单位：亿美元

农副食品加工业	703.59
食品制造业	48.84
饮料制造业	18.26
烟草制品业	8.48
纺织业	5052.18

纺织服装、鞋、帽制造业	7242.9
皮革、毛皮、羽毛（绒）及其制品业	30.97
木材加工及木、竹、藤、棕、草制品业	150.75
家具制造业	1587.18
造纸及纸制品业	138.4
印刷业和记录媒介的复制	41.42
文教体育用品制造业	457.17
石油加工、炼焦及核燃料加工业	292.57
化学原料及化学制品制造业	364.59
医药制造业	495.44
橡胶和塑料制品业	930.7
非金属矿物制品业	117.79
黑色金属冶炼及压延加工业	1432.57
有色金属冶炼及压延加工业	138.26
金属制品业	800.64
通用设备制造业	282.94
专用设备制造业	535.2
交通运输设备制造业	2661.82
电气机械及器材制造业	3134.68
通信设备、计算机及其他电子设备制造业	12783.24
仪器仪表及文化、办公用机械制造业	339.33
工艺品及其他制造业	73.07

资料来源：根据《上海统计年鉴》《江苏统计年鉴》《浙江统计年鉴》及各省海关相关年份数据整理计算而得。

（2）制造业国际竞争力分析。以 2010～2014 年为例，长角三角洲地区轻工业整体国际竞争力水平高于重工业。国际竞争力排在前十位的行业为家具制造业、文教体育用品制造业、纺织服装、鞋、帽制造业、纺织业、金属制品业、非金属矿物制造业、通讯设备、计算机及其他电子设备制造业、烟草制品业、黑色金属冶炼及压延加工业、电气机械及器材制造业。其中轻工业行业 6 个，重工业行业 4 个。长江三角洲地区 2010～2014 年制造业各行业国际竞争力水平如表 6-10 所示。由于出口和进口数据中均无废弃资源和废旧材料回收加工业，因此统计中不包括该行业。

表 6 – 10　　　　长江三角洲地区制造业各行业 2010 ~ 2014 年
平均贸易竞争力指数数值

农副食品加工业	0.0079
食品制造业	− 0. 1760
饮料制造业	− 0. 6051
烟草制品业	0. 5404
纺织业	0. 8263
纺织服装、鞋、帽制造业	0. 9525
皮革、毛皮、羽毛（绒）及其制品业	− 0. 1851
木材加工及木、竹、藤、棕、草制品业	0. 1005
家具制造业	1
造纸及纸制品业	− 0. 5774
印刷业和记录媒介的复制	0. 0148
文教体育用品制造业	1
石油加工、炼焦及核燃料加工业	− 0. 3212
化学原料及化学制品制造业	− 0. 7621
化学纤维制造业	− 1
医药制造业	− 0. 0400
橡胶和塑料制品业	0. 3493
非金属矿物制品业	0. 5880
黑色金属冶炼及压延加工业	0. 4720
有色金属冶炼及压延加工业	− 0. 4943
金属制品业	0. 7380
通用设备制造业	− 0. 4850
专用设备制造业	− 0. 7477
交通运输设备制造业	0. 2321
电气机械及器材制造业	0. 3993
通信设备、计算机及其他电子设备制造业	0. 5523
仪器仪表及文化、办公用机械制造业	− 0. 4822
工艺品及其他制造业	− 0. 3605

资料来源：根据《上海统计年鉴》《江苏统计年鉴》《浙江统计年鉴》及各省海关相关年份数据整理计算而得。

3. 珠江三角洲经济区制造业出口结构及其国际竞争力分析

（1）制造业出口结构分析。以广州、深圳、珠海 3 个珠江三角洲主要城市为例，2010～2014 年 3 个城市制造业出口总额为 7709.84 亿美元，重工业出口额为 938.59 亿美元，占 12.17%，其中原材料工业出口额为 260.03 亿元，占 3.37%，加工工业出口额为 678.56 亿美元，占 8.80%；轻工业销售收入为 6771.25 亿美元，占 87.83%，其中以农产品为原料的轻工业出口额为 1429.61 亿美元，占 18.54%，以非农产品为原料的轻工业销售收入为 5341.64 亿美元，占 69.28%。出口额排在前三位的行业分别为通信设备、计算机及其他电子设备制造业，出口额为 4383.81 亿美元，占 56.86%，纺织服装、鞋、帽制造业，出口额为 1116.28 亿美元，占 14.48%，电气机械及器材制造业，出口额为 346.78 亿美元，占 4.50%；交通运输设备制造业，出口额为 266.35 亿美元，占 3.45%，石油加工、炼焦及核燃料加工业，出口额为 103.7 亿美元，占 1.35%；轻工业中销售收入排在前三位的行业为通信设备、计算机及其他电子设备制造业、纺织服装、鞋、帽制造业、家具制造业，出口额为 339.63 亿美元，占 4.41%。广州、深圳、珠海 3 个主要城市 2010～2014 年制造业各行业出口额如表 6-11 所示，鉴于数据的可得性限制，统计的制造业行业中不包括化学纤维制造业、废弃资源和废旧材料回收加工业。

表 6-11　　珠江三角洲地区主要城市 2010～2014 年制造业各行业出口额

单位：亿美元

农副食品加工业	6
食品制造业	0.42
饮料制造业	1.45
烟草制品业	1.1
纺织业	304.36
纺织服装、鞋、帽制造业	1116.28
皮革、毛皮、羽毛（绒）及其制品业	0.17
木材加工及木、竹、藤、棕、草制品业	6.74
家具制造业	339.63

续表

造纸及纸制品业	4.53
印刷业和记录媒介的复制	9.33
文教体育用品制造业	134.03
石油加工、炼焦及核燃料加工业	103.7
化学原料及化学制品制造业	46.81
医药制造业	17.78
橡胶和塑料制品业	218.38
非金属矿物制品业	31.54
黑色金属冶炼及压延加工业	8.49
有色金属冶炼及压延加工业	24.2
金属制品业	21.65
通用设备制造业	3.75
专用设备制造业	85.32
交通运输设备制造业	266.35
电气机械及器材制造业	346.78
通信设备、计算机及其他电子设备制造业	4383.81
仪器仪表及文化、办公用机械制造业	25.39
工艺品及其他制造业	201.85

资料来源：根据《广州统计年鉴》《深圳统计年鉴》《珠海统计年鉴》及各市海关相关年份数据整理计算而得。

（2）制造业国际竞争力分析。广州、深圳、珠海三个珠江三角洲地区主要城市 2010～2014 年轻工业整体国际竞争力水平明显高于重工业。国际竞争力排在前十位的行业为家具制造业，文教体育用品制造业，纺织服装、鞋、帽制造业，非金属矿物制造业，印刷业和记录媒介的复制，通讯设备、计算机及其他电子设备制造业，橡胶和塑料制品业，纺织业，电气机械及器材制造业，工艺品及其他制造业。其中轻工业行业 8 个，重工业行业 2 个。广州、深圳、珠海 3 个城市 2010～2014 年制造业各行业国际竞争力水平如表 6 – 12 所示。由于出口和进口数据中均无废弃资源和废旧材料回收加工业，因此统计中不包括该行业。

表 6 – 12   珠江三角洲地区主要城市制造业各行业 2010 ~ 2014 年
平均贸易竞争力指数数值

农副食品加工业	– 0. 9126
食品制造业	– 0. 9198
饮料制造业	– 0. 7091
烟草制品业	– 0. 1235
纺织业	0. 3667
纺织服装、鞋、帽制造业	0. 9922
皮革、毛皮、羽毛（绒）及其制品业	– 0. 9747
木材加工及木、竹、藤、棕、草制品业	0. 0204
家具制造业	1
造纸及纸制品业	– 0. 7623
印刷业和记录媒介的复制	0. 7310
文教体育用品制造业	1
石油加工、炼焦及核燃料加工业	– 0. 5357
化学原料及化学制品制造业	– 0. 6962
化学纤维制造业	– 1
医药制造业	– 0. 4290
橡胶和塑料制品业	0. 6496
非金属矿物制品业	0. 8482
黑色金属冶炼及压延加工业	– 0. 2437
有色金属冶炼及压延加工业	– 0. 7325
金属制品业	0. 0366
通用设备制造业	– 0. 9152
专用设备制造业	– 0. 8290
交通运输设备制造业	– 0. 0299
电气机械及器材制造业	0. 3381
通信设备、计算机及其他电子设备制造业	0. 6558
仪器仪表及文化、办公用机械制造业	– 0. 5285
工艺品及其他制造业	0. 3080

资料来源：根据《广州统计年鉴》《深圳统计年鉴》《珠海统计年鉴》及各市海关相关年份数据整理计算而得。

6.1.3　区域间提升国际竞争力的模式差异性分析

各地区规划当地生产性服务提升制造业国际竞争力模式的过程中需要科学规划和突出重点。首先，各地区在规划竞争力模式时应遵循继续提高优势产业国际竞争力、改善劣势产业国际竞争力及大力提升战略新兴产业国际竞争力的原则。其次，各地区应根据当地制造业各类产业国际竞争力状况划分优势和劣势产业①，根据各地区现有的制造业出口结构状况、未来发展潜力及错位竞争的格局来确定优势产业、劣势产业和战略新兴产业中需重点提升国际竞争力的产业。最后，根据各地区生产性服务业的发展状况，选择当地发展水平较高且相对应②的生产性服务业带动需重点提升国际竞争力的制造业行业。

1. 东北地区生产性服务与结构软化提升制造业国际竞争力模式分析

（1）集中力量，提升优势产业国际竞争力水平。首先，加大科学研究与综合技术服务、金融服务、交通运输服务、批发零售服务对专用设备制造业、仪器仪表及文化办公机械制造业、电气机械及器材制造业和交通运输设备制造业的投入。东北地区该类制造业具有较好的发展基础，产业体系相对完善，但存在以下问题：一是自主研发能力较低，创新意识及动力不强，产学研结合不够紧密，科研成果转化率较低；二是区域内大多数企业采取自给自足的生产方式，服务外包意识不足；三是企业发展过程面临资金短缺和运作效率不高等问题。以上问题导致东北地区该类制造业经济效益不高。科学研究与综合技术服务能够提升该类制造业的技术创新能力，推动制造过程的数字化、智能化升级，改变传统生产方式，显著提高生产效率和产品附加值，从而提升产品国际竞争力；金融服务能够为该类制造业提供专业的信贷业务和资本运营服务，提高资金的流动速度。此外，金融服务能够针对该类制造业的各种需求创造出一系列的金融工具，将更多资金注入企业，同时降低了企业资金流转成本。其次，加大科学研究与综合技术服务、金融服务、交通运输、批发零售服务等生产性服务对石油加工、炼焦及核燃料加工业、化学原料及化学制品制造业的投入。东

---

① 一般而言，贸易竞争力指数大于 0，该产业具有国际竞争力。反之，则不具有国际竞争力。

② 相对应是指能够满足某一种制造业行业战略环节发展的生产性服务业。

北地区这两个行业规模较大，在区域工业化过程中发挥了重要作用，但在发展过程中仍存在以下问题：一是增长方式较为粗放，造成较大的环境压力。对技术创新重视不够，产品精细化程度不足，因而经济效益不高。二是企业内部资金利用效率低下，对企业的运转和经营状况产生了不利的影响。科学研究与综合技术服务能够提升该类制造业研发能力，通过加大绿色新产品的开发力度、采用新工艺和新技术推动制造过程的绿色化升级，从而减少出口产品的绿色壁垒，增强国际竞争力。最后，加大交通运输、批发零售等生产性服务对农副食品加工业、非金属矿物制品业等制造业行业的投入。批发零售业能够提升东北地区该类行业经济运行速度、质量和效益，从而显著提升其国际竞争力；交通运输业则能够实现该地区产品的价值，并使产品的销售范围不断扩大，增加销售收入。

（2）补短板，改善劣势产业国际竞争力状况。首先，加大金融服务对黑色金属冶炼及压延加工业和有色金属冶炼及压延加工业的投入。东北地区该类产业具有一定的生产能力，但发展过程中面临资金短缺、融资成本较高等问题，在很大程度上制约了国际竞争力的提高。金融机构能够为企业提供专业的信贷服务，在一定程度上降低融资成本。其次，加大科学研究与综合技术服务、金融服务、交通运输、批发零售等生产性服务对医药制造业、通信设备、计算机及其他电子设备制造业的投入。东北地区该类制造业发展过程中以下问题较为突出：一是技术创新能力较低，研发投入严重不足，产品科技含量不够；二是产业规模小且企业数量少；三是资金投入不足、融资渠道不畅且资金来源结构不合理；四是企业自身的物流系统较为落后。科学研究与综合技术服务投入的增加有助于本地区该类行业形成较为完善的自主创新能力体系，实现产品的数字化和智能化升级，提高附加值；金融服务投入的增加能够为企业提供资金支持，有助于该地区企业的扩大再生产，获取规模经济效应；交通运输服务的增加能够提高物流效率，提高企业效益。

（3）顺应全球制造业发展新趋势，提升本地区战略新兴产业国际竞争力水平。加大科学研究和金融服务对航空航天产业、新材料产业、高档数控机床等战略新兴产业的投入。该类产业生产一般以某种高新技术为基础，研发过程需要投入大量资金且研发风险较大。东北地区该类制造业具有一定的制造能力，但自主研发能力较为薄弱，关键技术和零部件对外依赖程度较大。科学研究和金融服务投入的增加能够提升本地区该类行业技术创新投入能力，获取技术创新优势，提高产品附加值，从而提升产业国际竞争力水平。

2. 长江三角洲地区生产性服务与结构软化提升制造业国际竞争力模式分析

（1）加大生产性服务对交通运输设备制造业，通信设备、计算机及其他电子设备制造业，纺织业，纺织服装、鞋、帽制造业等具有竞争优势行业的投入，进一步提升该类制造业行业国际竞争力水平。首先，加大金融服务、商务服务、批发零售服务、交通运输服务对交通运输设备制造业，通信设备、计算机及其他电子设备制造业的投入。长江三角洲地区该类制造业产业体系较为完备，规模较大，研发投入较多，具有一定的技术创新能力，但仍存在以下问题：一是品牌意识不足，缺乏成熟的品牌策略，国际知名品牌数量较少；二是资金的运作效率仍需进一步提高；三是服务外包的意识须进一步加强。金融服务、商务服务、批发零售服务、交通运输服务投入的增加能够有效解决上述三类问题，进一步提高国际竞争力水平。其次，加大商务服务、批发零售服务、交通运输服务对纺织业，纺织服装、鞋、帽制造业的投入力度。长江三角洲地区该类制造业产量及出口量位居全国前列，产业集聚效应明显，产业配套设施较为完善，但仍存在以下问题：一是产品同质化现象较为明显，仍以价格竞争为主，技术含量不足并缺乏自主品牌；二是企业的生产管理水平需进一步提高；三是与终端消费相关的服务业联系不够紧密。商务服务业能够帮助本地区该类制造业形成市场营销优势、品牌建设优势、管理优势；批发零售服务、交通运输服务投入的增加能够提升产业终端消费环节的质量和效益。

（2）改善石油加工、炼焦及核燃料加工业，化学原料及化学制品制造业，医药制造业，通用设备制造业，专用设备制造业，仪器仪表及文化办公用机械制造业等劣势产业国际竞争力状况。首先，加大金融服务、批发零售服务、交通运输服务对石油加工、炼焦及核燃料加工业，化学原料及化学制品制造业的投入，优化本地区该类制造业内部资金配置效率，降低资金流动性风险，并提高经济运行的速度、质量和效益。其次，加大金融服务、商务服务、批发零售服务、交通运输服务对医药制造业、通用设备制造业、专用设备制造业、仪器仪表及文化办公用机械制造业的投入。长江三角洲地区该类制造业产量较大，规模经济效应明显，但存在以下问题：一是自主研发能力较为薄弱，缺乏核心技术；二是管理水平不高，资金周转速度较慢；三是品牌效应不明显，缺少国际知名品牌。以上问题造成该类制造业大而不强，经济效益不高，国际竞争优势不明显。加大金融服务、商务服务、批发零售服务、交通运输服务投入能够在较大程度上解决上述问题，增强国际竞争能力。

（3）抓住全球制造业发展新机遇，大力提升本地区战略新兴制造业产业国际竞争力水平。加大金融服务对航空航天、通信与计算机技术、生物医药等高新技术产业的投入。长江三角洲地区以上三类高技术产业具有较好的产业基础，产量位居全国前列，具有一定的国际竞争优势，但融资渠道仍不够畅通、研发投入强度需进一步提高。金融服务投入的增加能够在一定程度上缓解以上问题。

3. 珠江三角洲地区生产性服务与结构软化提升制造业国际竞争力模式分析

（1）突出地区优势，进一步提升纺织业，纺织服装、鞋、帽制造业，家具制造业，橡胶和塑料制品业，电气机械及器材制造业，通信设备、计算机及其他电子设备制造业国际竞争力水平。首先，加大科学研究与综合技术服务、商务服务、交通运输服务、批发零售服务对电气机械及器材制造业，通信设备、计算机及其他电子设备制造业等产业的投入。珠江三角洲地区该类制造业具有良好的产业基础，规模效应与集群效应较为明显，具有一定的国际竞争优势，但自主创新与引进消化吸收能力、管理水平与品牌影响力仍需进一步提高。科学研究与综合技术服务能够帮助该类制造业提高技术创新能力，突破相关核心技术，推动产业的数字化和智能化升级，增加产品科技含量，提升国际竞争力水平。商务服务能够改进该类产业管理方式，提高管理水平，并有助于形成品牌优势，提高产品差异化程度。交通运输服务与批发零售服务投入的增加则能够在一定程度上降低该类制造业的交易成本。其次，加大商务服务、交通运输服务、批发零售服务对纺织业，纺织服装、鞋、帽制造业，家具制造业，橡胶和塑料制品业等产业的投入。珠江三角洲是中国最大的轻工业基地，该类制造业产业体系较为完善，产业链比较完整，具有明显的区位优势、劳动力优势与集群优势，专业化程度较高，但发展过程中以下问题较为突出：一是生产成本持续上升使得产业的利润空间不断减小，产品国际竞争力受到影响；二是缺乏品牌经营理念，知名品牌较少，产品代加工比重较高；三是企业内部的物流成本较高，物流效率需进一步提高。商务服务能够增强本地区该类产业市场营销能力与品牌经营能力，减少产品的同质化现象，提高差异化程度，获取较高利润；交通运输服务能够降低企业物流成本，提高物流效率；批发零售服务的增加则能够提高产品运转的速度和成交率，提高经济效益。

（2）改善劣势产业国际竞争力状况。增强石油加工、炼焦及核燃料加工业，化学原料及化学制品制造业，交通运输设备制造业，专用设备制造业国际竞争力。首先，加大科学研究与综合技术服务、信息传输、计算机服务和软件服务、商务服务、交通运输服务、批发零售服务对石油加工、炼焦及核燃料加工业，化学原料及化学制品制造业的投入。珠江三角洲地区该类制造业发展过程中面临以下问题：一是研发投入较少，对高素质人才培养的力度不够；二是互联网化程度较低，信息基础设施不完善，企业软件应用比例不高；三是品牌意识不强，缺乏具有国际知名度的自主品牌。科学研究与综合技术服务投入的增加能够提高本地区该类产业自主创新能力，同时采用新工艺和技术推动产业的绿色化升级；信息传输、计算机和软件服务投入的增加能够推动该类行业生产过程的网络化和数字化升级，大幅提高生产和资源配置效率，降低产品生产成本，提升国际竞争力水平。商务服务能够增强该类产业的品牌效应，提高利润水平。其次，加大科学研究与综合技术服务、信息传输、计算机和软件服务、商务服务、交通运输服务、批发零售服务对交通运输设备制造业、专用设备制造业的投入，提升珠江三角洲地区该类制造业各环节附加值，增强国际竞争力水平。

（3）抢占全球制造业未来发展的制高点，提升地区战略新兴产业国际竞争力。加大科学研究与综合技术服务、信息传输、计算机和软件服务对新材料、通信与计算机技术、生物医药技术的中间投入。科学研究与综合技术服务、信息传输、计算机和软件服务投入的增加能够推动本地区该类行业产品、制造过程和生产模式三个层面数字化、网络化、智能化的升级，改变传统的发展模式，提升国际竞争力水平。

6.2　行业地区选取、指标测定与数据来源

6.2.1　行业地区选取

本章涉及生产性服务业和制造业两种类型行业的选取。根据对历年中

国投入产出表中各服务行业中间需求率的测算，批发和零售业、交通运输、仓储和邮政业、信息传输、计算机服务与软件业、金融业、租赁与商务服务业、科学研究与综合技术服务业中间需求率高于50%，为生产性服务业。如前所述，根据各地区现有的制造业出口结构状况、未来发展潜力及错位竞争的格局来确定当地需重点提升国际竞争力的制造业产业。其中东北地区需重点提升国际竞争力的制造业行业为专用设备制造业，仪器仪表及文化办公用机械制造业，电气机械及器材制造业，交通运输设备制造业，石油加工、炼焦及核燃料加工业，化学原料及化学制品制造业，农副食品加工业，非金属矿物制品业，黑色金属冶炼及压延加工业，有色金属冶炼及压延加工业，医药制造业，通信设备、计算机及其他电子设备制造业及航空航天产业，新材料产业，高档数控机床等战略新兴产业；长江三角洲地区需重点提升国际竞争力的制造业行业为交通运输设备制造业，通信设备、计算机及其他电子设备制造业，纺织业，纺织服装、鞋、帽制造业，石油加工、炼焦及核燃料加工业，化学原料及化学制品制造业，医药制造业，通用设备制造业，专用设备制造业，仪器仪表及文化办公用机械制造业及航空航天、电子信息、生物医药等战略新兴产业；珠江三角洲地区需重点提升的制造业产业为纺织业，纺织服装、鞋、帽制造业，家具制造业，橡胶和塑料制品业，电气机械及器材制造业，通信设备、计算机及其他电子设备制造业，石油加工、炼焦及核燃料加工业，化学原料及化学制品制造业，交通运输设备制造业，专用设备制造业及新材料、通信与计算机技术、生物医药技术等战略新兴产业。根据之前各地区生产性服务业提升制造业国际竞争力的具体模式，将各地区需重点提升国际竞争力的制造业行业进行分组。

各地区面板数据为省际、市际面板数据。其中东北地区包括辽宁、吉林、黑龙江三省；长江三角洲地区包括上海市、江苏省、浙江省；鉴于数据的可得性的限制，珠江三角洲地区选取广州、深圳、珠海、东莞、中山五个主要城市。

6.2.2 指标测定

采用贸易竞争力指数（简称 TC 指数）衡量制造业产品国际竞争力水平。其计算公式为：$TC_{ij} = \dfrac{(X_{ij} - M_{ij})}{(X_{ij} + M_{ij})}$，其中 X_{ij} 和 M_{ij} 分别表示 i 国 j 种产品

的出口额和进口额。该指数越接近于 1 产品国际竞争力水平越高，越接近于 -1 产品国际竞争力水平越低，等于 0 时表示该产品国际竞争力处于中间水平；选取批发和零售业从业人数作为批发和零售业发展水平的衡量指标；选取交通运输、仓储和邮政业从业人数作为交通运输、仓储和邮政业的衡量指标；选取信息传输、计算机服务与软件业从业人数作为信息传输、计算机服务与软件业发展水平的衡量指标；选取金融业从业人数作为金融业发展水平的衡量指标；选取租赁和商务服务业从业人数作为租赁和商务服务业发展水平的衡量指标；选取科学研究和综合技术服务业从业人数作为科学研究和综合技术服务业发展水平的衡量指标；选取资产利润率作为管理水平的量化指标，计算公式为：行业当年利润总额/行业当年资产总额；选取进出口贸易额比例作为市场对外开放度的量化指标，计算公式为：（行业进口总额 + 行业出口总额）/行业工业总产值；选取行业产品销售收入作为制造业行业规模的量化指标。

6.2.3　数据来源

鉴于数据可得性的限制和各变量年份的一致性，各地区 TC 指数由各地区相关省份、城市 2002 ~ 2015 年统计年鉴及海关各期数据计算而得；各地区批发和零售业、交通运输、仓储和邮政业、信息传输、计算机服务与软件业、金融业、租赁与商务服务业、科学研究与综合技术服务业从业人数由各地区相关省份及城市 2002 ~ 2015 年统计年鉴各期数据计算而得；各地区制造业行业资产利润率、产品销售收入、进出口贸易额比例由各地区相关省份及城市 2002 ~ 2015 年统计年鉴各期数据计算而得。

6.3　计量模型设计

6.3.1　模型建立

以反映制造业产品国际竞争力的 TC 指数为模型的被解释变量，以分别反映批发和零售业、交通运输、仓储和邮政业、信息传输、计算机服务与软件业、金融业、租赁与商务服务业、科学研究和综合技术服务业发展水平的批发和零售业、交通运输、仓储和邮政业、信息传输、计算机服务与软件业、金融业、租赁与商务服务业、科学研究和综合技术服务业从业人数为模型的核心解释变量，以反映行业管理水平、行业规模、行业对外开放程度的资产利润率、产品销售收入、进出口贸易额比例作为模型的控制变量。利用 Stata10 计量软件对被解释变量与解释变量进行实证分析。模型的基本形式为：

$$TC_{it} = a_0 + a_1 \cdot NEWRI_{it} + a_2 \cdot NETWPI_{it} + a_3 \cdot NEICSI_{it} + a_4 \cdot NEFI_{it}$$
$$+ a_5 \cdot NELBI_{it} + a_6 \cdot NESII_{it} + \Theta \cdot X_{it} + \varepsilon_{it} \qquad (6.1)$$

其中控制变量 X_{it} 包括：

$$X_{it} = \beta_1 \cdot RAP_{it} + \beta_2 \cdot PSRI_{it} + \beta_3 \cdot PIETV_{it}$$

其中 TC 为贸易竞争力指数；$NEWRI$ 为批发和零售业从业人数，$NETWPI$ 为交通运输、仓储与邮政业从业人数、$NEICSI$ 为信息传输、计算机服务与软件业从业人数、$NEFI$ 为金融业从业人数，$NELBI$ 为租赁与商务服务业从业人数，$NESII$ 为科学研究和综合技术服务业从业人数，RAP 为资产利润率，$PSRI$ 为行业产品销售收入，$PIETV$ 为资本深化水平。

6.3.2 模型检验

1. 东北地区分组制造业行业面板检验

首先，通过沃尔德（wald）检验，各制造业分组面板数据均应采用个体效应模型而非混合效应模型来估计；其次，通过豪斯曼（Hausman）检验，各制造业分组面板数均应采用固定效应模型来估计；最后，还须考虑面板数据的组间异方差和组内自相关问题。分别采用沃尔德检验的 LR 统计量和伍尔德里奇提出的 F 统计量来进行检验。检验结果表明，农副食品加工业、非金属矿物制品业为一组的面板数据，石油加工、炼焦及核燃料加工业，化学原料及化学制品制造业为一组的面板数据均存在组间异方差和组内自相关问题，应采用可行广义最小二乘法（FGLS）估计，其余各制造业分组面板数据不存在组内自相关，应采用个体固定效应估计。

2. 长江三角洲地区分组制造业行业面板检验

首先，通过沃尔德（wald）检验，各制造业分组面板数据均应采用个体效应模型而非混合效应模型来估计；其次，通过豪斯曼（Hausman）检验，各制造业分组面板数据均应采用固定效应模型来估计；最后，还须考虑面板数据的组间异方差和组内自相关问题。分别采用沃尔德检验的 LR 统计量和伍尔德里奇提出的 F 统计量来进行检验。检验结果表明，石油加工、炼焦及核燃料加工业，化学原料及化学制品制造业为一组的面板数据均存在组间异方差和组内自相关问题，应采用可行广义最小二乘法（FGLS）估计，其余各制造业分组面板数据不存在组内自相关，应采用个体固定效应估计。

3. 珠江三角洲地区分组制造业行业面板检验

首先，通过沃尔德（wald）检验，各制造业分组面板数据均应采用个体效应模型而非混合效应模型来估计；其次，通过豪斯曼（Hausman）检验，石油加工、炼焦及核燃料加工业，化学原料及化学制品制造业为一组的面板数据应采用随机效应模型估计，其余各制造业分组面板数据应采用固定效应模型估计；最后，还须考虑面板数据的组间异方差和组内自相关问题。检验结果表明，电气机械及器材制造业，通信设备、计算机及其他电子设备制造业不存在组间异方差和组内自相关问题，应采用个体固定效应模型估计，其余制造业分组面板数据均应采用可行广义最小二乘法（FGLS）估计。

6.4　实证结果与分析

6.4.1　东北地区的实证结果与分析

东北地区生产性服务提升各分组制造业国际竞争力的实证回归结果如表 6 – 13 所示。

表 6 – 13　　　东北地区生产性服务提升各分组制造业国际竞争力实证回归结果

解释变量	专用设备，仪器仪表及文化办公用机械，电气机械及器材，交通运输设备制造业	石油加工，炼焦及核燃料加工业，化学原料及化学制品制造业	农副食品加工业，非金属矿物制品业	黑色金属冶炼及压延加工业，有色金属冶炼及压延加工业	医药制造业，通信设备，计算机及其他电子设备制造业	航空航天，新材料，高档数控机床制造业
	FE	FE	FGLS	FGLS	FE	FE
NEWRI	0.0457 ** (2.37)	0.0381 ** (2.38)	0.0727 ** (2.00)	0.0066 (0.30)	0.1095 ** (2.27)	0.0332 (0.73)
NETWPI	0.1175 ** (2.62)	0.0972 ** (2.55)	0.0936 ** (2.05)	0.0018 (1.12)	0.1309 ** (2.35)	0.0268 (0.59)
NEICSI	0.0198 (1.43)	0.0244 (0.97)	0.0482 (1.56)	0.0333 (0.74)	0.0032 (0.13)	0.0091 (0.48)
NEFI	0.0371 ** (2.51)	0.0573 ** (2.73)	0.0347 (1.51)	0.0614 *** (3.14)	0.0622 ** (2.35)	0.0968 ** (2.19)
NELBI	0.0031 (0.19)	0.0091 (1.01)	0.0071 (1.52)	0.0359 (0.08)	0.0145 (0.19)	0.0060 (0.26)
NESII	0.0290 * (1.82)	0.0177 (1.39)	0.0110 (0.65)	0.0082 (0.27)	0.0192 ** (2.06)	0.0583 ** (2.54)
RAP	0.2130 (0.90)	0.1322 (0.50)	0.1677 ** (2.28)	0.2380 * (1.82)	0.0862 (0.02)	0.0832 (2.64)
PSRI	0.0068 (0.97)	0.0065 ** (2.51)	0.0018 (1.37)	0.0015 ** (2.15)	0.0019 (0.85)	0.0020 (0.29)
PIETV	0.0490 (0.98)	0.0784 (0.68)	0.0925 (0.98)	– 0.0475 (–1.31)	– 0.1026 (–0.70)	– 0.0082 (–0.49)
似然比异方差检验统计量			33.30 ***	86.90 ***		
伍尔德里奇自相关检验统计量			568.295 ***	72.063 **		
豪斯曼检验统计量	19.40 ***	9.17 **			6.73 **	8.35 **

注：①括号内数值为相应 t 统计量（FE 模型）或 z 统计量（FGLS 模型）。②表中各项结果是根据 stata10 软件计算而得；"*""**""***"分别代表系数在 10%、5% 和 1% 水平下通过显著性检验。

由表 6 - 13 可知，专用设备制造业，仪器仪表及文化办公用机械制造业，电气机械及器材制造业，交通运输设备制造业中批发和零售业，交通运输、仓储和邮政业，金融业，科学研究和综合技术服务业从业人数回归系数明显高于其他生产性服务业，显著性也强于其他生产性服务业，说明东北地区应采用以上几种生产性服务业加大对该类制造业的中间投入，从而最大限度提升其国际竞争力水平；石油加工、炼焦及核燃料加工业，化学原料及化学制品制造业中批发和零售业，交通运输、仓储和邮政业，金融业从业人数回归系数明显大于其他生产性服务业，显著性明显高于其他生产性服务业，而科学研究和综合技术服务业回归系数不大而且显著性不高，可能是因为东北地区该类生产性服务业发展的绝对水平较低，导致其供给能力不足，从而提升该类制造业国际竞争力效果不明显；农副食品加工业、非金属矿物制品业中的批发和零售业，交通运输、仓储和邮政业回归系数明显大于其他生产性服务业，显著性明显高于其他生产性服务业，说明应加大以上两种生产性服务对该类制造业的中间投入，提升该类制造业国际竞争力水平；黑色金属冶炼及压延加工业、有色金属冶炼及压延加工业中金融业从业人数回归系数大于其他生产性服务业，显著性高于其他生产性服务业，说明应加大金融服务对该类制造业的中间投入，从而最大程度提升其国际竞争力水平；医药制造业，通信设备、计算机及其他电子设备制造业中批发和零售业，交通运输、仓储和邮政业，金融业，科学研究和综合技术服务业从业人数回归系数明显高于其他生产性服务业，显著性也强于其他生产性服务业，说明应加大以上几种生产性服务对该类制造业的中间投入，从而最大限度提升其国际竞争力水平；航空航天产业、新材料产业、高档数控机床等战略新兴产业中金融业、科学研究和综合技术服务业从业人数回归系数明显高于其他生产性服务业，同时显著性较高，说明以上两种生产性服务业提升该类制造业国际竞争力效果最明显，应加大金融服务、科学研究与综合技术服务对该类制造业的中间投入。以上实证分析结果验证了理论分析中东北地区提升制造业国际竞争力差异化模式的正确性。

6.4.2　长江三角洲地区的实证结果与分析

长江三角洲地区生产性服务提升各分组制造业国际竞争力的实证回归结果如表 6 - 14 所示。

表 6 – 14　　　　　　长江三角洲地区生产性服务提升各分组制造业
国际竞争力实证回归结果

解释变量	交通运输设备制造业，通信设备、计算机及其他电子设备制造业	纺织业，纺织服装、鞋、帽制造业	石油加工，炼焦及核燃料加工业，化学原料及化学制品制造业	医药，通用设备，专用设备，仪器仪表及文化办公用机械制造业	航空航天，电子信息，生物医药制造业
	FE	FE	FGLS	FE	FE
NEWRI	0.0973 *** (2.84)	0.1029 *** (3.45)	0.0983 ** (2.04)	0.1088 ** (2.12)	0.0140 (0.98)
NETWPI	0.1211 ** (2.24)	0.1185 ** (2.55)	0.1155 ** (2.28)	0.0883 * (1.87)	0.0271 (0.64)
NEICSI	0.0225 (1.36)	0.0177 (0.44)	0.0199 (0.34)	0.0109 (1.19)	0.0238 (0.53)
NEFI	0.0464 ** (2.10)	0.0494 (0.17)	0.0671 ** (2.20)	0.0659 ** (2.23)	0.0937 ** (2.37)
NELBI	0.0416 ** (2.55)	0.0519 * (1.77)	0.0077 (1.20)	0.0502 * (1.92)	0.0191 (0.41)
NESII	0.0363 (0.93)	0.0271 (0.24)	0.0311 (1.22)	0.0368 (1.28)	0.0685 (1.63)
RAP	0.1364 (0.30)	0.0498 (0.12)	0.0613 (1.40)	0.0895 (0.87)	0.0707 (0.40)
PSRI	0.0100 (0.30)	0.0288 (0.40)	0.0162 (1.43)	0.0283 (0.16)	0.0184 (0.18)
PIETV	0.0579 (0.20)	0.0271 (1.29)	– 0.0447 (– 0.98)	0.0669 * (1.83)	– 0.0685 ** (– 2.05)
似然比异方差检验统计量			39.59 ***		

解释变量	交通运输设备制造业，通信设备、计算机及其他电子设备制造业	纺织业，纺织服装、鞋、帽制造业	石油加工，炼焦及核燃料加工业，化学原料及化学制品制造业	医药，通用设备，专用设备，仪器仪表及文化办公用机械制造业	航空航天，电子信息，生物医药制造业
	FE	FE	FGLS	FE	FE
伍尔德里奇自相关检验统计量			11. 884 *		
豪斯曼检验统计量	9. 19 **	12. 48 ***		11. 92 ***	7. 27 **

注：①括号内数值为相应 t 统计量（FE 模型）或 z 统计量（FGLS 模型）。②表中各项结果是根据 stata10 软件计算而得；" * "" ** "" *** "分别代表系数在 10% 、5% 和 1% 水平下通过显著性检验。

　　由表 6 - 14 可知，交通运输设备制造业，通信设备、计算机及其他电子设备制造业中批发和零售业，交通运输、仓储和邮政业，金融业，租赁与商务服务业从业人数回归系数明显高于其他生产性服务业，显著性也强于其他生产性服务业，说明长江三角洲地区应加大以上几种生产性服务对该类制造业的中间投入，从而最大限度提升其国际竞争力；纺织业，纺织服装、鞋、帽制造业中批发和零售业，交通运输、仓储和邮政业，租赁和商务服务业从业人数回归系数明显大于其他生产性服务业且更加显著，说明以上几种生产性服务业提升该类制造业国际竞争力的效果最佳；石油加工、炼焦及核燃料加工业，化学原料及化学制品制造业中批发和零售业，交通运输、仓储和邮政业，金融业回归系数明显大于其他生产性服务业，显著性也明显高于其他生产性服务业，说明以上生产性服务对该类制造业的中间投入能够最大程度提升该类制造业国际竞争力；医药制造业，通用设备制造业，专用设备制造业，仪器仪表及文化办公用机械制造业中批发和零售业，交通运输、仓储和邮政业，金融业，租赁与商务服务业从业人数回归系数相对其他生产性服务业较高，显著性相对其他生产性服务业较强，说明以上几种生产性服务业能够最大限度满足该类制造业发展的需要，从而提升其国际竞争力效果最为明显；航空航天、电子信息、生物医药等战略新兴产业中金融业从业人数回归系数明显高于其他生产性服务业，同时显著性较高，说明金融服务提升该类制造业国际竞争力效果最明显。以上实证分析结果验证了理论分析中长江三角洲地区提升制造业国际竞争力差异化模式的正确性。

6.4.3 珠江三角洲地区的实证结果与分析

珠江三角洲地区生产性服务提升各分组制造业国际竞争力的实证回归结果如表 6-15 所示。

表 6-15　　　　珠江三角洲地区生产性服务提升各分组制造业
国际竞争力实证回归结果

解释变量	电气机械及器材制造业，通信设备、计算机及其他电子设备制造业	纺织业，纺织服装、鞋、帽制造业，家具制造业，橡胶和塑料制品业	石油加工、炼焦及核燃料加工业，化学原料及化学制品制造业	交通运输设备制造业，专用设备制造业	新材料，通信与计算机技术，生物医药制造业
	FE	FGLS	FGLS	FGLS	FE
NEWRI	0.1146 ** (2.23)	0.0854 *** (2.92)	0.0719 ** (2.40)	0.0817 ** (2.07)	0.0237 (0.86)
NETWPI	0.0778 ** (2.10)	0.0700 ** (2.00)	0.0544 ** (2.11)	0.0638 * (1.89)	0.0206 (0.73)
NEICSI	0.0441 (1.42)	0.0230 (0.28)	0.0368 (1.39)	0.0485 * (1.70)	0.0502 * (1.78)
NEFI	0.0418 (0.90)	0.0192 (1.56)	0.0247 (0.79)	0.0286 (0.97)	0.0246 (1.56)
NELBI	0.0522 ** (2.10)	0.0828 ** (2.05)	0.0440 * (1.82)	0.0506 ** (2.15)	0.0179 (1.06)
NESII	0.0495 ** (2.04)	0.0108 (0.03)	0.0326 (1.31)	0.2066 (1.05)	0.0525 ** (2.20)
RAP	0.0809 *** (2.96)	0.0417 (1.70)	0.0639 ** (2.10)	0.0143 (0.29)	0.0538 (0.49)
PSRI	0.0142 (0.23)	0.0225 ** (2.22)	0.0354 (0.74)	0.0186 *** (4.47)	0.0696 *** (3.39)

解释变量	电气机械及器材制造业，通信设备、计算机及其他电子设备制造业	纺织业，纺织服装、鞋、帽制造业，家具制造业，橡胶和塑料制品业	石油加工、炼焦及核燃料加工业，化学原料及化学制品制造业	交通运输设备制造业，专用设备制造业	新材料，通信与计算机技术，生物医药制造业
	FE	FGLS	FGLS	FGLS	FE
PIETV	0.0215 (0.30)	0.0985 *** (3.14)	− 0.0791 ** (− 2.11)	− 0.0122 (− 1.13)	− 0.0106 (− 0.22)
似然比异方差检验统计量		29.75 ***	8.53 **	61.79 ***	
伍尔德里奇自相关检验统计量		18.684 **	14.710 *	68.166 **	
豪斯曼检验统计量	22.78 ***				7.21 **

注：①括号内数值为相应 t 统计量（FE 模型）或 z 统计量（FGLS 模型）。②表中各项结果是根据 stata10 软件计算而得；"＊""＊＊""＊＊＊"分别代表系数在 10%、5% 和 1% 水平下通过显著性检验。

由表 6 – 15 可知，电气机械及器材制造业，通信设备、计算机及其他电子设备制造业中批发和零售业，交通运输、仓储和邮政业，租赁与商务服务业，科学研究和综合技术服务业从业人数回归系数大于其他生产性服务业，显著性也强于其他生产性服务业，说明珠江三角洲地区应加大以上几种生产性服务对该类制造业的中间投入，从而最大限度提升其国际竞争力；纺织业，纺织服装、鞋、帽制造业中批发和零售业，交通运输、仓储和邮政业，租赁和商务服务业从业人数回归系数明显大于其他生产性服务业且更加显著，说明以上几种生产性服务业延伸该类制造业价值链并提升其国际竞争力效果最佳；石油加工、炼焦及核燃料加工业，化学原料及化学制品制造业中批发和零售业、交通运输、仓储和邮政业，租赁和商务服务业回归系数大于其他生产性服务业，显著程度高于其他生产性服务业。信息传输、计算机服务与软件业，科学研究和综合技术服务业可能由于发展水平较低，供给能力不足，导致其提升该类制造业效果不明显；医药制造业，通用设备制造业，专用设备制造业，仪器仪表及文化办公用机械制造业中批发和零售业，交通运输、仓储和邮政业，信息传输、计算机服务与软件业，租赁与商务服务业从业人数回归系数大小相对其他生产性服务业较高，显著性相对其他生产性服务业较强，而当地科学研究与综合技术服务业发展水平较低导致其提高该类制造业国际竞争力效果不佳；航空航天、电子信息、生物医药等战略新兴产业中信息传输、计算机服务与软件业，科学研究与综合技术服务业从业人数回归系数明显高于其他生产性服务业，同时显著性较高，说明该地区以上两种生产性服务提升该类制造业国际竞争力效果最明显。以上实证结果分析验证了理论分析中珠江三角洲地区提升制造业国际竞争力差异化模式的正确性。

6.5　本章小结

本章从理论和实证上分析了制造业结构软化的地区差异。在东北经济区、长江三角洲经济区、珠江三角洲经济区三个典型经济区生产性服务业发育程度、制造业产品出口结构与国际竞争力状况等分析的基础上提出了各地区生产性服务提升制造业国际竞争力的差异化模式，之后对各地区的模式进行了实证检验。研究结论表明：

第一，东北地区模式为：集中力量，提升优势产业国际竞争力水平。加大科学研究与综合技术服务、金融服务、交通运输服务、批发零售服务对专用设备制造业、仪器仪表及文化办公用机械制造业、电气机械及器材制造业和交通运输设备制造业的投入。加大科学研究与综合技术、金融服务、交通运输、批发零售等生产性服务对石油加工、炼焦及核燃料加工业，化学原料及化学制品制造业的投入。加大交通运输、批发零售等生产性服务对农副食品加工业、非金属矿物制品业等制造业行业的投入；补短板，改善劣势产业国际竞争力状况。加大金融服务对黑色金属冶炼及压延加工业和有色金属冶炼及压延加工业的投入。加大科学研究与综合技术服务、金融服务，交通运输、批发零售等生产性服务对医药制造业，通信设备、计算机及其他电子设备制造业的投入。顺应全球制造业发展新趋势，提升本地区战略新兴产业国际竞争力水平。加大科学研究和金融服务对航空航天产业、新材料产业、高档数控机床等战略新兴产业的投入。

第二，长江三角洲地区模式为：加大生产性服务对交通运输设备制造业，通信设备、计算机及其他电子设备制造业，纺织业，纺织服装、鞋、帽制造业等具有竞争优势行业的投入，进一步提升该类制造业行业国际竞争力水平。加大金融服务、商务服务、批发零售服务、交通运输服务对交通运输设备制造业，通信设备、计算机及其他电子设备制造业的投入。加大商务服务、批发零售服务、交通运输服务对纺织业，纺织服装、鞋、帽制造业的投入力度；改善石油加工、炼焦及核燃料加工业，化学原料及化学制品制造业，医药制造业，通用设备制造业，专用设备制造业，仪器仪表及文化办公用机械制造业等劣势产业国际竞争力状况。首先，加大金融服务、批发零售服务、交通运输服务对石油加工、炼焦及核燃料加工业，化学原料及化学制品制造业的投入，优化本地区该类制造业内部资金配置效率，降低资金流动性风险，并提高经济运行的速度、质量和效益。其次，加大金融服务、商务服务、批发零售服务、交通运输服务对医药制造业、通用设备制造业、专用设备制造业、仪器仪表及文化办公用机械制造业的投入；抓住全球制造业发展新机遇，大力提升本地区战略新兴制造业产业国际竞争力水平。加大金融服务对航空航天、通信与计算机技术、生物医药等高新技术产业的投入。

第三，珠江三角洲地区模式为：突出地区优势，进一步提升纺织业，纺织服装、鞋、帽制造业，家具制造业，橡胶和塑料制品业，电气机械及器材制造业，通信设备、计算机及其他电子设备制造业国际竞争力水平。首先，加大科学研究与综合技术服务、商务服务、交通运输服务、批发零售服务对电气机械及器材制造业，通信设备、计算机及其他电子设备制造业等产业的投入。其次，加大商务服务、交通运输服务、批发零售服务对纺织业，纺织服装、鞋、帽制造业，家具制造业，橡胶和塑料制品业等产业的投入。改善劣势产业国际竞争力状况，增强石油加工、炼焦及核燃料加工业，化学原料及化学制品制造业，交通运输设备制造业，专用设备制造业国际竞争力。首先，加大科学研究与综合技术服务、信息传输、计算机服务和软件服务、商务服务、交通运输服务、批发零售服务对石油加工、炼焦及核燃料加工业，化学原料及化学制品制造业的投入。其次，加大科学研究与综合技术服务、信息传输、计算机和软件服务、商务服务、交通运输服务、批发零售服务对交通运输设备制造业、专用设备制造业的投入，提升珠江三角洲地区该类制造业各环节附加值，增强国际竞争力水平；抢占全球制造业未来发展的制高点，提升地区战略新兴产业国际竞争力。加大科学研究与综合技术服务、信息传输、计算机和软件服务对新材料、通信与计算机技术、生物医药技术的中间投入。

第 7 章

提升中国制造业国际竞争力的政策设计

7.1 提升制造业国际竞争力的总体策略

7.1.1 增加生产性服务业的有效供给

第一，完善人力资本培养和引进机制，为生产性服务业的发展提供智力支持。生产性服务业为人力和知识密集型行业，对从业人员的素质要求较高，这就需要不断完善生产性服务业人力资本培养和引进机制。从人力资本的培养机制来看，要加大科技和教育投入，在高等院校中完善生产性服务业相关学科建设；加强对生产性服务从业人员的培训，通过不断增设培训中心与技术学校、提供多样化的技术培训服务，不断增强从业人员素质；不断完善生产性服务业人才激励制度，包括不断建立和完善激励制度、绩效考核机制等。从人力资本的引进机制来看，要科学地制订人才引进计划，使引进的人才能够满足社会经济发展的需要；要采取物质保障和精神鼓励相结合、高效服务与科学管理相结合的方式。

第二，增强创新能力，培育核心竞争力。生产性服务业的创新能力主要包括技术创新能力和服务创新能力。技术创新能力包括创新投入能力、创新产出能力和二次创新能力。企业和政府要加大技术创新活动中的经费投入和科技人员投入，增强生产性服务业的创新投入能力；提高创新产出效率和科技成果转化率，增强生产性服务业创新产出能力；积极引进国外先进技术并提高对先进技术的吸收消化能力，增强生产性服务业的二次创新能力。服务创新能力主要包括市场营销创新能力和品牌经营创新能力。通过不断拓展和改进营销方法、完善营销模式实现市场营销创新能力的提高；通过不断增强品牌管理意识、不断创新品牌战略和品牌架构实现品牌经营创新能力的提高。

第三，优化产业布局，提高生产性服务业的集聚程度。产业集聚程度是生产性服务业获取竞争优势的重要来源。产业集聚程度的提高能够增强生产性服务业的外部经济效应、外商直接投资示范效应、品牌与广告效应、持续创新效应等，进一步提升核心竞争力。因此，要不断优化产业布局，提高生产性服务业集聚程度，增强集聚效应。首先，完善生产性服务业相关的基础设施建设，包括交通运输设施、信息基础设施、商业交易设施等的完善；其次，通过提高制造业空间地理集中度的方式促进生产性服务业区域性集聚的实现；最后，政府要通过制定政策促进生产性服务业形成空间上的集聚，建设一批产业集聚园区。

第四，深化市场经济改革，进一步完善生产性服务业发展的市场环境。市场化程度低、市场机制不健全是阻碍中国生产性服务业发展的重要因素。解决这一问题的关键在于深化市场经济体制改革，不断完善生产性服务业发展的市场环境。（1）要处理好市场与政府的关系，降低政府对生产性服务业市场的干预力度，放松对其价格控制，突出市场配置资源的作用。（2）要打破行政垄断、放宽生产性服务业市场准入限制，逐步消除体制性障碍，吸引各类所有制经济主体参与市场竞争，实现投资主体的多元化，为非公有制经济主体提供公平竞争的机会。（3）完善生产性服务业发展相关的法律法规建设。要全面检查、修订完善与生产性服务业相关的法律法规，如"知识产权法""商标法""物权法""反垄断法""公司法"等，其中重点完善"知识产权法"和"反垄断法"；完善与生产性服务相关的司法体制，包括优化司法职权配置、完善司法管辖体制和权力运行机制、加强对司法活动的监管。

第五，调整内部结构，推动生产性服务业结构的优化升级。目前中国生产性服务业产业结构不合理，体现为传统的生产性服务业如批发零售业，交通运输、邮政和仓储业等行业的比重过高，科学研究和综合技术服务业、商务服务业等高端行业的比重较低。较低的产业层次严重阻碍了中国生产性服务业竞争力的提升。因此，要调整内部结构，提升生产性服务业层次。（1）要加大高层次人才的培养和引进，提高信息传输、计算机服务和软件业等行业的人力和知识含量。（2）政府制定倾斜性政策，加大对高端生产性服务业的支持力度，并引导更多资金和人才流入该类行业。

第六，扩大对外开放，进一步缩小同生产性服务业发达国家之间的距离。目前中国该类行业在产品的研发设计、市场营销、品牌建设等方面同世界先进水平相比存在一定差距。提高对外开放程度有利于实现中国生产性服务业的跨国企业合作，从而能够近距离学习国外先进的技术和管理理念，有助于中国生产性服务业竞争力水平的提升。一方面，要扩大该类行业的对外开放领域，简化注册程序，降低进入门槛。同时，通过强化外资与国内企业的联系，调整外资的行业地区分布等方式提高外资的利用质量；另一方面，要积极发展生产性服务贸易，包括完善服务贸易统计体系、服务贸易发展管理体系、服务贸易发展促进体系等。

7.1.2　调整制造业内部结构

目前中国制造业结构不尽合理导致其增长方式仍为粗放型，需要投入大量劳动力和资源等有形要素，给资源和环境带来了较大的压力，不利于制造业的可持续发展。产业结构的不合理严重限制了制造业本身对新型生产服务业的有效需求，并在很大程度上制约了其国际竞争力的提升。因此，调整制造业结构，转变增长方式已经变得刻不容缓，这需要从优化物质资本配置、增强技术创新能力、推进制度创新三个方面进行。

第一，要优化物质资本配置。加速资本的流动，使资金从劳动密集型产业、资本密集型产业向技术密集型产业转移，推动产业结构的高级化进程；转变之前以产品生产为中心的格局，将更多资金投入到研发设计、信息系统建设、市场营销、品牌建设等高附加值环节上，增加最终产品中无形要素投入的比重，推动制造业的数字化、智能化、网络化、绿色化升级；在增强引资力度的同时提高引资质量，变招商引资为招商选资，从而将外商直接投资变成推动中国制造业结构优化升级的重要力量。重点吸引与研发设计、市场营销、品牌建设等高附加值环节相关的资本，禁止高污染高耗能的外资进入。

第二，要提升制造业的技术创新能力。进一步增强中国制造业技术创新能力体系的建设。加大创新的投入力度，同时注重优化创新投入结构。提高创新产出效率，从国外引进先进的生产设备并注重对新产品知识产权的保护。加强制造业二次创新能力，建立技术引进和消化吸收再创新的信息服务平台，通过多种渠道和手段为中国制造业提供更多了解国外先进技术的机会；加强中国制造业技术创新支撑体系的建设。加大政府对技术创新活动的支持力度。政府要通过积极引导，使制造业成为技术创新的主体。同时，加强财政对创新的投入。此外，要加强金融机构对制造业创新活动的支持力度。鼓励商业银行加大对制造业技术创新贷款发放力度，建立健全信贷担保体系，改善技术创新的融资环境。

第三，要不断推进制造业的制度创新。制度创新在推进制造业要素结构的高级化、提高人力和物质资本配置水平方面有着不可替代的作用。要进一步改革产权制度，明晰产权，使制造业企业产权不断地多元化与分散化，建立和完善产权激励机制；不断提高市场化程度，发挥市场配置资源的基础性作用，为制造业企业营造良好的市场交易环境；不断深化制造业所有制结构调整，促进非公有制经济的发展，增强经济活力；创新科技管理体制，不断完善产学研机制。积极参与经济全球化，扩大制造业的对外开放度，引进相关高层次人才；改革政府管理制度，实现政府职能转变。加强对制造业结构调整的引导、规划和调控；深化市场改革，通过市场机制配置资源；加强要素市场建设，加快人力市场、资本市场等的建设。

7.1.3 提升制造业的服务化水平

第一，加强制造业企业与生产性服务业的合作意识。一方面，制造业企业要强化外包意识，将非核心环节外包出去，由相关专业的外包企业提供更为专业的服务，使制造业企业能够更加专注于核心制造与研发、设计、品牌和营销等高附加值环节，从而增强核心竞争能力；另一方面，加大生产性服务对研发设计、市场营销和品牌管理等环节的投入，拓展制造业企业价值链，帮助制造业企业形成较强的自主研发能力、品牌建设能力和市场控制能力，将之前单一的低成本劳动力竞争优势转变为基于多要素的全面竞争优势，从而提升制造业企业的国际竞争力水平。

第二，增强制造业与生产性服务业的协同定位效应，促进二者的良性互动发展。各地政府应以自身城市规模大小为根据确立生产性服务业与制造业的优先发展顺序。对于大城市而言，要重点促进生产性服务业的集聚发展，从而推动地区制造业结构的优化升级。对于中小城市而言，则需要通过各种措施提高制造业的产业集聚程度，从而促进生产性服务业的产业集聚；增强两业在空间上的互动，制造业企业要加强与生产性服务业的合作意识，增加生产性服务对其的中间投入。生产性服务业要通过增强创新能力等方式提高自身发展水平，增加对制造业的有效供给。

第三，构建和完善生产性服务业与制造业的互动平台。互动平台的构建能够改善双方的合作方式，形成长期合作关系，促进两业的良性互动，从而有利于进一步提升制造业的服务化水平，增强制造业国际竞争力。构建和完善信息整合平台，包括信息收集子平台、信息分析子平台、信息输出子平台的建立和改进，消除两业互动发展中的信息不对称问题；构建和完善互动促进平台，为两业互动发展做出科学规划，实现生产性服务业与制造业的有机结合；构建和完善互动支撑平台，包括资源整合子平台、服务子平台、研发子平台、管理子平台的建立和完善，为信息整合平台与互动促进平台的顺利进行提供保障。

7.2　提升不同制造业行业国际竞争力的策略

制造业涉及的产业范围较广，由众多性质不同的产业构成。因此，在分析生产性服务与结构软化提升制造业国际竞争力的策略时应充分考虑到制造业内部的行业差异，不能一概而论。行业间的差异导致各自战略环节不同，从而导致所需生产性服务类型的不同。因此，需要优化资源配置，将不同类型生产性服务业与每类制造业的战略环节相结合，发挥不同制造业的战略环节优势，从而最大限度提升制造业整体国际竞争力水平。

7.2.1　不同产业类型制造业的策略

第一，加大批发零售业、交通运输业、商务服务业等生产性服务对劳动密集型制造业的中间投入，提升其国际竞争力水平。劳动密集型行业研发投入相对较少，生产操作过程相对简单，对技术和装备的依赖程度较低，产品差异化程度较大，产品具有最终消费特征等，因而其战略环节为市场营销和品牌建设等终端服务环节。（1）要提高批发零售业组织化与规模化程度，采取强强联合、跨区并购、连锁经营等方式扩大行业规模，实现规模经济的同时提升行业组织化程度。劳动密集型行业应转变以产品生产为中心的格局，加强同生产性服务业的合作意识，加大批发零售服务的投入力度，提升该行业的经济运行速度、质量和效益，进而增强国际竞争力水平。（2）进一步加强基础设施建设，不断完善综合运输网络，合理调整运输结构，通过技术创新不断更新装备水平。劳动密集型行业应充分认识到交通运输业对其发展的重要性，加大交通运输服务的投入，将其生产环节和消费联系起来，使产品的价值得以实现，并利用交通运输业运输的规模经济优势降低单位产品的运输成本，提升国际竞争力。（3）提升商务服务业在国民经济中的地位，通过制定科学发展规划、建立和完善行业相关标准和规范、完善市场机制建设等方式提高商务服务业产业化与市场化程度。劳动密集型行业要充分意识到商务服务业对加强其营销和品牌建设，提高利润空间的重要意义，不断加大商务服务投入并建立该行业与商务服务业的信息交流平台，形成较强的市场控制能力和品牌建设能力。

第二，加大信息传输、计算机与软件服务、商务服务等生产性服务对资本密集型制造业的中间投入，进一步增强其国际竞争力。资本密集型行业的研发投入相对较少，技术操作要求较高，资本成本占生产成本的比重较大，规模经济效应较为显著，产品性质一般为中间投入品，为下游部门的进一步生产提供资源和生产设备，产品的差异化程度较小。因此，该行业的特点导致其战略环节为生产环节。加大金融服务、信息传输、计算机与软件服务、商务服务等生产性服务的投入，可以提高资本密集型行业资金流动速度并降低资金流转成本，提高生产效率、降低生产成本，促进流程升级和产品升级。应当提高金融业发展水平，通过提高经营效率、节约资本等方式走集约化发展道路；进一步加强信息传输、计算机服务与软件业的建设，包括落实产业政策，优化行业结构，主要体现为优化区域结构和产业内部结构；政府要加大政策扶持力度，包括加大资金支持力度和实行税收优惠政策等；完善人才培养和引进机制，积累人力资本，为该行业的发展提供智力支持。资本密集型行业应充分认识到金融服务的重要性，加大金融服务的中间投入；加大信息传输、计算机与软件服务的投入，同时注重信息传输、计算机服务与软件业和资本密集型行业之间信息交流平台的建设，降低双方信息不对称程度，改善双方的合作方式；加大商务服务中企业生产管理服务对资本密集型行业的中间投入，使企业更好地组织、计划和控制生产活动，促进企业的流程升级，实现生产环节的增值，从而进一步增强该行业的国际竞争力。

第三，加大科学研究和综合技术服务、批发零售服务、交通运输服务、商务服务等生产性服务对技术密集型制造业的中间投入，发挥其战略环节优势。技术密集型行业产品的研发投入相对较多，技术创新能力较强，资源消耗相对较小，现代化技术装备程度和技术操作要求较高，科技人员比重较高，产品差异化程度较大，技术性能复杂且更新换代较为迅速，一般兼备中间部门和最终消费部门特点。因此，该行业的战略环节为研发设计、市场营销、品牌建设等环节。因此，要加大科学研究与综合技术服务业的发展力度，加大人才培养和引进力度，提高从业人员素质并提高科技成果转化率；政府要加大财政支持力度，建立多元的投资运作模式，引导资金投向科学研究与综合技术服务业；加强品牌性科技园区的建设，发挥集聚优势，提升行业竞争力水平。技术密集型行业要强化创新意识，增强自主创新能力，加大科学研究与综合技术服务的投入力度，促进科学研究与综合技术服务业同该类行业的良性互动发展，形成较强的自主创新能力，提升产品附加值；加大批发零售服务的中间投入，使其产品覆盖范围不断扩大的同时提高产品的周转速度；加大交通运输服务的中间投入，使产品的价值得以实现；加大商务服务与该类行业终端零售环节的结合力度，增强市场控制能力和品牌建设能力，提高产品的利润空间。

7.2.2 不同产业成长阶段制造业的策略

要加大科学研究与综合技术服务、信息传输、计算机和软件服务、金融服务、交通运输服务等生产性服务对成长期制造业的中间投入，增强其核心竞争能力。成长期的制造业产品逐渐标准化，竞争优势逐步显现，产业核心能力基本形成，产业技术水平不断完善，生产力水平不断提高，产业规模不断扩大，产品进一步细分，品种和门类不断增加，市场需求不断增加，市场壁垒较低，导致投资该类产业的企业数量不断增加，各企业在产品的质量和价格上的竞争较为激烈，使得产品逐渐向多样、优质和低价转变。因此，研发设计、产品生产、加工组装环节为其战略环节。第一，通过推进行业协会建设，完善相关法律法规、加大人才培养和引进力度等方式加大科学研究与综合技术服务业的建设力度。同时，成长期行业应转变自给自足的发展模式，加强同科学研究与综合技术服务业的合作，加大科学研究与综合技术服务对本行业的投入，同时完善两个行业信息交流平台的建设，从而不断提升自主研发能力，提升国际竞争水平；通过优化行业结构、加大政府扶持力度等方式提高信息传输、计算机服务与软件业的发展水平，增加其对成长期制造业的有效供给。成长期制造业应加大信息传输、计算机与软件服务对生产环节的投入，从而改变生产方式，提高效率，带动工艺流程升级；提高金融业发展水平，通过提高经营效率、节约资本等方式走集约化发展道路。通过完善风险管理战略和政策、构建科学的风险管理模型、加强风险管理队伍建设等途径全面推进风险管理进程。通过加快银行投行化进程、实现盈利渠道多样化等方式不断优化银行业务结构。成长期制造业应加大金融服务的中间投入，降低企业资金流转成本，同时提高企业资金的流动速度，使更多资金注入企业；通过促进科技进步等方式提高交通运输业发展水平，同时加大交通运输服务对成长期制造业的投入，快速实现产品价值。

要加大信息传输、计算机和软件服务、交通运输服务和商务服务等生产性服务对成熟期制造业的中间投入，实现其战略环节优势，增强国际竞争力。成熟期的制造业技术已经比较先进和成熟，产品性能、试样和工艺已被市场认可，产品质量和普及度较高，产业规模较大且达到顶峰，在国民经济中的比重较高，多数客户开始熟悉产品，市场需求开始饱和，产品销售增长速度开始变慢，部分企业生产能力大于市场需求，出现产能过剩现象，产品价格开始下降，利润空间变小，企业之间开始的激烈竞争使得非价格战愈演愈烈。成熟期制造业的特点使得其战略环节为产品生产、加工组装环节与市场营销、品牌建设等终端零售环节。通过加强行业协会建设、规范市场竞争秩序等方法提高信息传输、计算机服务与软件业的发展水平，同时成熟期行业要充分意识到信息传输、计算机服务与软件业对改变传统生产方式、促进工艺流程升级等的重要意义，加大信息传输、计算机与软件业服务与该行业生产环节的结合力度；通过各种方式增强交通运输业的服务供给能力，加强成熟期制造业运输环节的外包意识，将该环节外包给专业的交通运输服务公司，从而降低企业可变成本，增强国际竞争力；成熟期制造业应充分认识到商务服务业对增强该行业产品差异化优势的重要作用，加大与商务服务业的合作力度，将商务服务业中的高级人力资本与知识资本导入到该行业的市场营销和品牌建设环节，从而形成较强的市场控制力和品牌经营能力，增加利润空间，进一步提升国际竞争力水平。

7.2.3　不同产业组织结构类型制造业的策略

第一，加大商务服务、交通运输服务等生产性服务与竞争性制造业行业的结合力度，形成生产环节优势，进一步提升国际竞争力水平。竞争性行业厂商数量较多，每个厂商占有的市场份额较小，不能影响市场价格，产品差异化程度较小，不同厂商之间的产品较为相似，相互替代性较强，厂商退出市场的难度较小，厂商的信息较为完备，一般能够通过价格有效地配置资源和协调经济活动，企业能够以较低的成本生产满足市场需求的产品。其特点导致其战略环节为产品生产、加工组装环节。竞争性行业要强化生产管理意识，建立和完善生产管理系统，加大生产管理资金投入，将商务服务中的生产管理服务与企业产品生产环节密切结合，从而使企业更好地组织、计划和控制生产活动，提高生产效率；加大交通运输服务，实现产品价值并降低产品的单位运输成本。

第二，加大商务服务对垄断性制造业行业的投入，使该类行业在市场营销与品牌建设等环节上形成竞争优势，进一步提升国际竞争力水平。垄断性行业市场上厂商数量较少，每个厂商占有的市场份额相对较大，对价格和产量的控制力较强，但一般技术创新的动力不足，产品的差异化程度较大，退出市场较为困难，厂商一般规模较大，转产会受到较大损失。垄断行业的特点导致其战略环节为市场营销、品牌建设等终端销售环节。加大商务服务业的发展力度，具体包括：（1）政府通过科学引导形成商务服务业集聚区，获取规模经济优势，降低生产和交易成本；（2）加强商务服务业品牌建设，不断改进服务方式、服务质量、服务信誉等；（3）加强商务服务业的服务创新能力。一方面，完善自主服务创新体系建设，加强服务内容、服务过程等的创新。另一方面，完善服务创新支撑体系建设，加大政府和金融机构对商务服务创新的支持力度；垄断型制造业应充分认识到商务服务对增强企业产品差异化优势，增加利润空间，提升国际竞争力的重要性。增加商务服务对企业终端零售环节的投入，具体包括：利用商务服务中的咨询与调查服务对消费需求、产品价格、营销渠道等重要信息进行深入了解，制定科学合理的营销方案。利用商务服务中的广告服务制定产品差异化策略，进行品牌定位。利用商务服务中的市场管理服务改善市场竞争环境，提高交易效率。利用商务服务中的包装服务，增加产品的价值和差异程度，扩大销量，提高盈利水平。

7.3　提升不同地区制造业国际竞争力的策略

7.3.1　不同地区制造业国际竞争力提升的总体思路

制定不同地区制造业国际竞争力提升策略时应进行科学规划。思路如下：第一，发掘优势，明确各地区具有动态比较优势的生产性服务业行业。运用生产总值、增加值、从业人数等指标对各地区每个生产性服务业行业的发展水平进行判断和比较，确定各地区的动态比较优势生产性服务业行业。第二，突出重点，确定各地区须重点提升的制造业行业。运用出口额等指标对各地区制造业的行业出口结构进行分析，并对未来具有发展潜力的制造业行业进行判断，确定需要生产性服务重点提升国际竞争力的行业，切忌面面俱到。第三，强化全国一盘棋和错位发展的理念。中央政府应加强顶层设计，从全局角度出发，在全国范围内对各地区制造业的发展进行合理布局。同时各地区政府之间应加强沟通与协作，实现各地区制造业的错位发展，避免重复建设。

7.3.2 东北地区的策略分析

该地区交通运输、邮政和仓储业，批发零售业，金融业，科学研究和综合技术服务业等生产性服务业发展水平相对其他生产性服务业较高；专用设备制造业，仪器仪表及文化办公用机械制造业，电气机械及器材制造业，交通运输设备制造业，石油加工、炼焦及核燃料加工业，化学原料及化学制品制造业，农副食品加工业，非金属矿物制品业，黑色金属冶炼及压延加工业，有色金属冶炼及压延加工业，医药制造业，通信设备、计算机及其他电子设备制造业等行业出口总量位居该地区制造业行业前列，具有较大的发展潜力，提升这些行业的国际竞争力对该地区制造业发展意义重大。此外，结合国家战略需要与该地区制造资源类型，应发展航空航天产业、新材料产业、高档数控机床等战略新兴产业。综上所述，东北地区制造业国际竞争力的提升策略应当做好以下几个方面：

第一，集中力量，提升具有国际竞争优势的制造业行业。（1）加大科学研究与综合技术服务、金融服务、交通运输服务、批发零售服务对专用设备制造业，仪器仪表及文化办公用机械制造业，电气机械及器材制造业，交通运输设备制造业，石油加工、炼焦及核燃料加工业，化学原料及化学制品制造业等的中间投入。加大东北地区科学研究与综合技术服务业的发展力度。东北地区科学研究与综合技术服务业发展水平较低，提升该地区科学研究与综合技术服务业发展水平的首要任务是加大人才的培养和引进力度，加大科技教育投入，加强从业人员的培训力度，同时制定科学的人才引进计划，使人才"引得进"并且"留得住"。同时，该地区专用设备制造业等行业应高度重视技术创新，提高技术创新能力，加大科学研究与综合技术服务对研发设计环节的投入，完善技术创新体系的建设，提高产品附加值；东北地区的金融业存在规模不大、增长速度不快等问题，因而该地区政府应加大对金融业的扶持力度，同时金融业要提高创新能力，寻找增长新引擎。专用设备制造业等行业应加强同该地区金融业的合作力度，不断加大金融服务的中间投入，降低资金的流入成本并提高流入速度；加快东北地区交通运输业的发展。东北地区交通运输业的主要问题为交通基础设施不完善、各种运输方式比例失调、建设资金不足等问题，应进一步加强基础设施建设，不断完善综合运输网络，合理调整运输结构，加大政府的资金支持力度。专用设备制造业等行业应充分认识到交通运输服务对实现产品价值的重要性，加大交通运输服务投入，保障企业利润的实现；加大东北地区批发零售业的发展力度。东北地区零售业整体规模较小，市场集中度低。应通过跨区并购、连锁经营等方式提高该地区批发零售业规模化与组织化程度。该地区专用设备制造业等行业应加强服务外包意识，将交通运输环节外包给专业的运输服务公司。（2）加大批发零售服务、交通运输服务对农副食品加工业、非金属矿物制品业等制造业行业的投入。农副食品加工业与非金属矿物制品业应认识到批发零售服务、交通运输服务对提高产品运转速度与产品价值实现的重要作用，将两个环节外包给专业的批发零售服务与交通运输服务公司。

第二，补短板，改善劣势产业国际竞争力状况。（1）加大金融服务对黑色金属冶炼及压延加工业和有色金属冶炼及压延加工业等国际竞争力较弱的制造业行业的投入。黑色金属冶炼及压延加工业和有色金属冶炼及压延加工业在产品的生产过程中需要大量的资金投入，对资金的流转速度和成本较为敏感。这两个制造业行业应加强与当地金融机构的合作力度，加大金融服务投入，并建立金融业与两个行业的信息交流平台，提高金融业对黑色金属冶炼及压延加工业和有色金属冶炼及压延加工业的服务效率。（2）加大科学研究与综合技术服务、金融服务、交通运输、批发零售等生产性服务对医药制造业，通信设备、计算机及其他电子设备制造业的投入。医药制造业，通信设备、计算机及其他电子设备制造业在加大科学研究与综合技术服务投入的同时需注重生产性服务业与制造业空间上的协同定位，通过提高自身集聚程度来促进生产性服务业的集聚，从而降低生产性服务业的服务成本并提高服务效率。

第三，顺应全球制造业发展新趋势，提升本地区战略新兴产业国际竞争力水平。加大科学研究和综合技术服务、金融服务对航空航天产业、新材料产业、高档数控机床等战略新兴产业的投入。该类制造业在发展过程中需要较大的研发投入与资金投入。一方面，高新技术产业应完善技术创新能力体系的建设，包括提升技术创新投入能力，技术创新产出能力、二次创新能力，加大科学研究和综合技术服务的投入力度；另一方面，应加大金融服务的投入力度，提高资金流动速度的同时注入更多资金，为高新技术产业的发展提供资金保证。

7.3.3　长江三角洲地区的策略分析

批发零售业，交通运输、邮政和仓储业，租赁与商务服务业，金融业等生产性服务业为该地区相对发达的生产性服务业；该地区交通运输设备制造业，通信设备、计算机及其他电子设备制造业，纺织业，纺织服装、鞋、帽制造业，石油加工、炼焦及核燃料加工业，化学原料及化学制品制造业，医药制造业，通用设备制造业，专用设备制造业，仪器仪表及文化办公用机械制造业等出口总量相对其他制造业行业较大，其国际竞争力的提升对该地区制造业发展意义重大；结合国家发展战略新兴产业的需要与地区工业特色，应发展航空航天、通信与计算机技术、生物医药等制造业行业。因此，长江三角洲地区制造业国际竞争力的提升策略应当做好以下几个方面：

第一，进一步提升国际竞争力较强的制造业行业。（1）加大金融服务、商务服务、批发零售服务、交通运输服务对交通运输设备制造业，通信设备、计算机及其他电子设备制造业的投入。进一步提升长三角地区金融业的发展水平。长江三角洲地区金融业规模较大、金融体系相对完善，是全国金融业较为发达的地区之一，但存在行业结构失衡、市场化程度较低、区域发展不平衡等问题。因此，要加强金融各行业业务之间的合作，优化金融业内部结构，完善金融市场体系，提高市场化程度，推进区域经济一体化，加大对欠发达城市的投资力度，消除区域发展不平衡现象。同时，交通运输设备制造业等行业要加大金融服务的中间投入，提高行业内部资金运作效率；加大长江三角洲地区商务服务业的发展力度。长江三角洲地区商务服务业相对其他地区较为发达，但仍存在缺乏国际知名品牌等问题。因此，该地区商务服务业应采取品牌发展策略，建立和完善品牌促进体系与品牌保护体系，从而提高发展水平。交通运输设备制造业等行业应改变之前以生产为中心的格局，关注市场营销与品牌建设等高附加值环节，加大商务服务的中间投入，利用商务服务中的咨询与调查服务、广告服务、市场管理服务、包装服务等增加产品的差异程度，形成差异化优势，从而扩大销量，提高盈利水平。继续提高长江三角洲地区批发零售业的发展水平。长江三角洲地区批发零售业的规模和水平都处于全国领先位置，应进一步加强供应链管理与现代物流建设，不断向现代零售企业转型升级。长江三角洲地区通信设备、计算机及其他电子设备制造业等行业应更加重视批发零售环节，加大批发零售服务的投入，提高经济运行速度、质量和效益；加快长江三角洲地区交通运输业发展速度。长江三角洲地区交通运输业发展水平相对全国其他地区较高，交通运输网络比较发达，综合运输能力较强，但存在交通运输结构与区域发展不平衡等问题，应进一步加强交通基础设施建设、协调运输结构、拓宽融资渠道等。该地区交通运输设备制造业，通信设备、计算机及其他电子设备制造业应进一步加大交通运输服务投入力度，加速实现产品价值。（2）加大商务服务、批发零售服务、交通运输服务对纺织业，纺织服装、鞋、帽制造业的投入力度。纺织业，纺织服装、鞋、帽制造业的战略环节为终端零售环节，因而需要加大商务服务、批发零售服务、交通运输服务的中间投入，使终端零售环节的价值最大化，提高产业盈利能力与水平。

第二，改造提升劣势产业，改善劣势产业国际竞争力状况。提升石油加工、炼焦及核燃料加工业，化学原料及化学制品制造业，医药制造业，通用设备制造业，专用设备制造业，仪器仪表及文化办公用机械制造业等处于国际竞争劣势的产业国际竞争力水平。（1）加大金融服务、批发零售服务、交通运输服务对石油加工、炼焦及核燃料加工业，化学原料及化学制品制造业的投入，从而提高两个行业资金运作效率，经济运转速度并加速产品价值的实现。（2）加大金融服务、商务服务、批发零售服务、交通运输服务对医药制造业、通用设备制造业、专用设备制造业、仪器仪表及文化办公用机械制造业的投入。该地区以上四个制造业行业之所以不具有国际竞争力，在很大程度上可以归因于对产品的终端零售环节与融资环节重视程度不够，应加大金融服务、商务服务、批发零售服务、交通运输服务的中间投入，形成战略环节优势。

第三，抓住全球制造业发展新机遇，大力提升本地区战略新兴制造业产业国际竞争力水平，加大金融服务、商务服务对航空航天、通信与计算机技术、生物医药等高新技术产业的投入。长角三角洲地区是中国重要的高新技术产业基地，航空航天、通信与计算机技术等高新技术产业规模与发展水平在全国均名列前茅，但与发达国家相比仍存在自主创新能力薄弱与品牌效应不足等问题。应进一步加大对该类制造业行业的金融服务投入，增加研发所需的资金，同时提高产业内部的资金运作效率，将更多资金注入到产品生产过程中；加大商务服务投入，增强产品的品牌效应，获取差异化优势，提升国际竞争力水平。

7.3.4　珠江三角洲地区的策略分析

该地区的优势生产性服务业主要集中在批发零售业，交通运输业，租赁与商务服务业，信息传输、计算机服务与软件业，科学研究与综合技术服务业等行业上；该地区纺织业，纺织服装、鞋、帽制造业，家具制造业，橡胶和塑料制品业，电气机械及器材制造业，通信设备、计算机及其他电子设备制造业，石油加工、炼焦及核燃料加工业，化学原料及化学制品制造业，交通运输设备制造业，专用设备制造业产品出口比重较大，其国际竞争力的强弱决定了珠江三角洲地区制造业整体国际竞争力的高低；结合国家战略需要与该地区的制造资源优势，应重点发展新材料、通信与计算机技术、生物医药技术等高新技术产业。因此，珠江三角洲地区制造业国际竞争力的提升策略应当做好以下几个方面：

第一，突出地区优势，进一步提升纺织业，纺织服装、鞋、帽制造业，家具制造业，橡胶和塑料制品业，电气机械及器材制造业，通信设备、计算机及其他电子设备制造业国际竞争力水平。（1）加大科学研究与综合技术服务、商务服务、交通运输服务、批发零售服务对电气机械及器材制造业，通信设备、计算机及其他电子设备制造业等产业的投入。珠江三角洲地区科学研究与综合技术服务业发展水平位居全国前列，有素质较高的人才队伍和较为先进的科研设施。应继续提高科技成果转化率、完善科技人才激励制度、不断开拓新领域，政府要继续加大对科学研究与综合技术服务业的支持力度，进一步提高行业发展水平。研发与设计环节为电气机械及器材制造业，通信设备、计算机及其他电子设备制造业等产业的战略环节之一，该环节价值的最大化对行业利益的实现至关重要，因此要加大科学研究与综合技术服务的投入，实现科学技术与制造业的融合，不断提升产品的科学技术含量，增加附加值，提高盈利能力；珠江三角洲商务服务业产业规模较大，且发展形式多元化，但从业人员素质有待提高，缺乏知名品牌。因此，应继续提升珠江三角洲商务服务业发展水平，加大从业人员的人力资本投入、促进产业集聚、提高行业的市场化水平，通过建设和完善品牌体系打造具有国际影响力的企业品牌。市场营销与品牌建设是电气机械及器材制造业，通信设备、计算机及其他电子设备制造业等产业的又一战略环节，应加大商务服务的投入，延伸产品的价值链，形成差异化优势，从而避免产品的同质竞争现象，提高产业利润率，不断增强国际竞争力水平；珠江三角洲是全国交通运输业最为发达的地区之一，具有较为完善的综合运输体系，但仍存在运输技术与装备水平有待提高、运输分工不合理等问题。应通过进一步提高运输技术、更新装备水平、合理调整运输结构、完善综合运输体系提高珠江三角洲交通运输业发展水平。同时，电气机械及器材制造业，通信设备、计算机及其他电子设备制造业等产业应将运输环节外包给专业的交通运输服务公司，降低运输成本；珠江三角洲地区批发零售业规模相对全国其他地区较大，经营主体多元化现象明显，但存在以下问题：一是企业规模较小，零散度较高；二是现代化程度不高并且进程较为缓慢；三是从业人员素质和经营能力有待提高；四是空间布局不合理。因此，应通过扩大企业规模，实现规模经济，发展电子商务与物流配送等现代流通方式，提升从业人员素质与经营管理能力，科学规划商业空间布局等方式提高行业发展水平。电气机械及器材制造业等行业应高度重视产品的批发零售环节，不断加大批发零售服务的投入，提高产品运行效率和效益，增加产品成交率。（2）加大商务服务、交通运输服务、批发零售服务对纺织业，纺织服装、鞋、帽制造业，家具制造业，橡胶和塑料制品业等产业的投入。纺织业，纺织服装、鞋、帽制造业，家具制造业，橡胶和塑料制品业等行业应减少生产环节资源投入所占比重，更加关注市场营销、品牌建设、交通运输、批发零售等环节，增加商务服务、交通运输服务、批发零售服务的投入，延伸原有价值链，增强产业国际竞争力。

第二，改造提升劣势产业，改善劣势产业国际竞争力状况。加大科学研究与综合技术服务、信息传输、计算机服务和软件服务、商务服务、交通运输服务、批发零售服务对石油加工、炼焦及核燃料加工业，化学原料及化学制品制造业，交通运输设备制造业，专用设备制造业等产业的投入。该地区石油加工、炼焦及核燃料加工业、化学原料及化学制品制造业等行业国际竞争力弱在很大程度上归因于过度依赖自然资源、资本等有形要素的投入，忽视了信息、技术、管理等无形要素对提升国际竞争力的贡献。增加科学研究与综合技术服务的投入，提高技术创新能力，采用新工艺，减少生产过程中的污染，推动产业的绿色化升级；增加信息传输、计算机和软件服务投入，推动该类行业生产过程的网络化和数字化升级，大幅提高生产和资源配置效率；增加商务服务投入，形成强大的市场营销与品牌建设能力，增强产品差异化程度；增加交通运输与批发零售服务，降低运输成本，提高产品的运转速度和效益。

第三，抢占全球制造业未来发展的制高点，提升地区战略新兴产业国际竞争力。加大科学研究与综合技术服务、信息传输、计算机和软件服务、商务服务对新材料、通信与计算机技术、生物医药技术的中间投入。珠江三角洲是全国高新技术产业最发达的地区之一，不仅产业规模较大，技术含量和水平也较高。但与发达国家相比仍存在较大差距，主要体现在自主创新能力较为薄弱与国际知名品牌的缺乏。增加科学研究与综合技术服务、信息传输、计算机与软件服务的投入，实现产品智能化、数字化、网络化升级，提高产品附加值，增强产品国际竞争力，并推动产业向全球价值链高端环节攀升，增加国际分工所得；加大商务服务的投入力度，形成较强的品牌竞争能力，在产品竞争与全球价值链分工中获取更多利益份额。

7.4　本章小结

本章对第3～6章的研究成果进行总结，提出提升制造业国际竞争力的政策设计，包括总体策略分析，不同制造业行业的策略分析，不同地区制造业的策略分析三个部分。

第一，提升制造业国际竞争力的总体策略。通过完善人力资本培养和引进机制、增强生产性服务业创新能力、提高生产性服务业的集聚程度、完善生产性服务业发展的市场环境、调整内部结构、扩大开放等增加生产性服务业对制造业的有效供给；通过优化物质资本配置、提升技术创新能力、不断推进制度创新等方式调整制造业内部结构，增加对生产性服务业的有效需求；通过加强制造业企业与生产性服务业的合作意识、增强制造业与生产性服务业的协同定位效应、构建和完善生产性服务业与制造业的互动平台等促进制造业的服务化发展。

第二，提升不同制造业行业国际竞争力的策略。分行业策略需充分考虑到制造业内部的行业差异，从而优化资源配置，将不同类型生产性服务业与每类制造业的战略环节相结合，发挥不同制造业的战略环节优势，最大限度提升制造业整体国际竞争力水平。要通过各种方式加大各类生产性服务业的发展力度，不断提高发展水平。各类制造业应转变以生产为中心的格局，加大对研发设计、市场营销、品牌建设等环节的投入，不断进行制度创新，加强与生产性服务业的产业关联度，从而不断提高国际竞争力水平。

第三，提升不同地区制造业国际竞争力的策略。制定不同地区制造业国际竞争力提升策略时应进行科学规划：要发掘优势，明确各地区具有动态比较优势的生产性服务业行业；突出重点，确定需要生产性服务重点提升国际竞争力的行业，切忌面面俱到；强化全国一盘棋和错位发展的理念。从全局角度出发，对各地区制造业的发展进行合理布局。同时各地区应加强沟通与协作，实现各地区制造业的错位发展。各地区应继续发展相对发达的生产性服务业，进一步提高其服务供给能力。同时，各地区需重点发展的制造业行业应充分认识到信息、技术、管理、服务等软要素的重要意义，加大生产性服务投入力度，不断加强同生产性服务业的协同定位、完善互动平台建设，增强国际竞争力水平。

第 8 章

结论与研究展望

8.1 主要研究结论

在服务、信息、技术和管理等"软要素"上的严重缺失使得中国制造业在产品的国际竞争和基于 GVC 的分工上均出现了规模和获利能力错配的现象,从而陷入了十分被动的地位。此外,人口红利的逐渐消失将会使中国制造业丧失成本优势,这将在一定程度上削弱国际竞争力。"软要素"的不足和成本优势的逐渐消失必将导致中国制造业企业获利能力的不足,这将严重阻碍国际竞争力的进一步提升,并制约着制造业的生存和发展空间,弱化了制造业对中国经济增长的拉动作用。因此,加大生产性服务投入,提高产业结构软化程度,从而提升中国制造业的国际竞争力水平已经变得刻不容缓。本书在当前中国制造业整体国际竞争力水平较低的情形下提出了基于结构软化的动态比较优势理论。运用这一理论从结构软化的视角分析了生产性服务嵌入提升中国制造业国际竞争力的作用机理,并具体分析了"软要素"如何提升中国制造业国际竞争力,对技术创新和管理创新提升中国制造业国际竞争力的作用机制进行了分析。构建了制造业结构软化的指标体系,并明确了这一指标体系在行业分析和地区分析中的运用价值。在此基础上,本书进一步从行业和地区两个角度分析了生产性服务与结构软化提升中国制造业国际竞争力的行业差异和区域差异。具体而言,本书的主要研究结论如下:

第一,提出静态比较优势理论已与中国制造业国际竞争力提升的客观要求相悖,中国制造业国际竞争力提升的关键在于获取基于结构软化的动态比较优势。

从生产不同产品的相对成本来看，中国制造业的相对优势在于劳动密集型产品，发达国家的相对优势则在于资本密集型和技术密集型产品，如果以静态比较优势理论来指导中国制造业的发展，上述结构就会凝固化，中国制造业在国际贸易和分工中将处于不利的被动地位。对于中国制造业来说，要想进一步提升国际竞争力，争取更多国际贸易和分工所得，最重要的并非在现有的自然资源、劳动力等静态比较优势基础上继续扩大规模，而是要通过采取各种措施，使制造业产业结构不断优化升级，向高级化形态演进。

本书研究表明，提升中国制造业国际竞争力的根本措施在于加大生产性服务对中国制造业的中间投入，使产业结构不断向"软化"趋势调整，从而获取基于结构软化的动态比较优势，改变之前对自然资源、廉价劳动力等生产要素的路径依赖，专业化生产并出口高附加值产品，并向全球价值链的高端环节攀升，进一步提升国际竞争力水平。现代生产性服务中间投入的增加使得制造业内部对服务、信息、技术和管理等"软要素"的依赖程度不断加深，产业结构软化度不断上升，由此产生基于结构软化的动态比较优势，包括成本优势、技术创新优势、服务优势、规模经济优势、产业集聚优势五大优势，这些优势是当前国际经济环境下提升中国制造业国际竞争力的关键。第一，成本的降低是提升制造业国际竞争力的关键。制造业成本包括生产成本和交易成本，两类成本的降低能够增大制造业企业产品各类环节的利润空间，从而提升国际竞争力水平。第二，技术创新是提升制造业国际竞争力的重要途径。技术创新能力主要包括创新投入能力、创新产出能力、二次创新能力。创新投入的增加可以通过创新过程生产创新产品，通过新产品的销售创造利润，从而提高制造业国际竞争力。创新产出能力通常以专利的产出和新产品的销售能力来衡量。创新的产品和专利有利于制造业在国际市场中巩固市场地位，增加利润，提升国际竞争力。二次创新能力是指技术落后国家通过技术引进、吸收消化和自主创新过程后最终缩小与技术发达国家之间技术差距的能力。二次创新能力的增强有利于提高产品附加值，获取更多贸易利益，进而提高制造业国际竞争力。第三，服务能力的增强是提升制造业企业国际竞争力的重要手段。这里的服务主要包括制造业产品的市场营销和品牌经营。营销和品牌是制造业产品获得差异化优势，提高附加值从而增强国际竞争力的重要途径。第四，规模经济的实现有助于进一步增强制造业企业国际竞争力。规模经济分为内部规模经济和外部规模经济，二者都能够降低产品的平均成本，同时提高管理人员和技术人员的专业化程度。第五，产业集聚程度的提高能够进一步增强制造业企业国际竞争力。制造业产业集聚度的上升能够在降低成本的同时提高生产效率，并激发企业的创新和升级。

第二，生产性服务对制造业中间投入的增加能够提高制造业产业结构软化度，使制造业获得基于结构软化的动态比较优势，从而提升中国制造业国际竞争力水平。

生产性服务对制造业中间投入的增加使制造业产业结构软化度不断提高，产业结构软化度的提高能够通过降低制造业成本、提高制造业技术创新能力、增强制造业服务能力、形成制造业规模经济效应和提升制造业产业集聚水平五种途径提升中国制造业国际竞争力水平。

一是通过降低成本使制造业获取成本优势，增加产品的利润空间。制造业的生产成本包括固定成本和可变成本。一方面，由生产性服务中的部分行业来承接制造业企业部分非核心服务环节，使制造业企业能够更加专注于核心制造环节与研发、设计、品牌和营销等核心服务环节。这就能够大大降低企业固定成本，且有利于企业核心竞争力的形成。另一方面，社会分工的深化使得市场规模不断扩大，生产性服务能够实现规模经济，使得其提供专业化服务的成本降低，从而降低了制造业的可变成本；社会分工的不断深化必然导致各种交易成本的上升。生产性服务能够通过降低制造业企业管理成本、信息搜寻成本、资金流转成本等途径降低制造业的交易成本。

二是通过提高技术创新能力提升制造业国际竞争力水平。生产性服务通过加强技术创新投入能力、技术创新产出能力和二次技术创新能力等途径提高制造业的技术创新能力。金融服务是制造业技术创新资金的重要来源，而科学研究与综合技术服务部门则为制造业带来了大量的研发人员；创新过程的顺利进行需要依靠人力资本和知识资本等高级生产要素。生产性服务业中的科研人员往往具备一定的研发能力，能够将创新投入通过创新过程转化为创新产出；生产性服务为制造业提供了大量的人力和知识资本，能够在很大程度上提升中国制造业企业的吸收能力，从而使企业能够在短期内吸收来自发达国家的先进技术。

三是通过提高服务能力提升制造业国际竞争力水平。制造业产品一般具有较高的同质性，随着国际市场竞争的加剧，制造业企业的利润空间会进一步被压缩，国际竞争力水平会降低。提升制造业企业服务能力，提供差异化产品，获得产品差异化优势是解决这一问题的重要途径。制造业的服务能力包括企业营销能力、品牌经营能力。中国制造业企业服务能力较为薄弱，最为突出的是品牌经营能力严重不足，缺乏国际知名品牌，中国制造业品牌与发达国家相比在数量和质量上都存在着巨大差距。生产性服务中的高级人力和知识资本能够形成一定的品牌建设能力和市场控制能力，这将大大提升制造业产品的附加值，并逐渐减少对制造环节的依赖，提升制造业产品国际竞争力。生产性服务通过提升营销能力、品牌经营能力等途径提高制造业服务能力。

四是通过形成规模经济效应提升制造业国际竞争力水平。第一，生产性服务能够促进制造业企业形成外部规模经济。生产性服务业与制造业不断互动与融合，将大量人力资本与知识资本等高级生产要素融入制造业产业集群，可以提升产业集群的技术创新能力和服务水平，从而增强产业集群的内生性，有助于产业规模的扩大，从而能够进一步降低单个企业的平均生产成本，提高国际竞争力水平。第二，生产性服务能够促进制造业企业形成内部规模经济。生产服务业的部分行业能够通过承接制造业企业部分非核心服务环节，如法律服务、金融服务等，使制造业企业更加专注于核心制造环节与研发、设计、品牌和营销等核心服务环节，有利于制造业企业自身规模的扩大，使单位产品的平均成本下降，提高国际竞争力水平。

五是通过提高产业集聚度提升制造业国际竞争力水平。第一，生产性服务能够降低区域内制造业企业的生产成本。生产性服务业中的部分行业能够分离制造业企业的内部核心与非核心环节，能够降低企业固定成本的同时扩大企业自身规模，降低单位平均成本；生产性服务中的研发设计部门能够设计出具有多种功能的生产设备，可以同时生产多种产品，实现范围经济，从而降低单位产品的研发成本。第二，生产性服务能够降低制造业企业之间的交易成本。商务服务业中的管理服务能够有效降低制造业企业的管理成本。咨询与调查服务能够降低制造业企业的信息搜寻成本；金融服务能够通过提供信贷服务和金融衍生工具降低制造业企业资金流转成本；交通运输服务能够有效降低制造业企业的运输成本等。生产性服务有效降低了区域内的各种交易成本，从而增强了相关地区的吸引力，使其他地区成本较高的企业向该地区集聚。

第三，构建了制造业结构软化的指标体系，该指标体系在不同制造业行业及不同地区制造业结构软化进程中具有一定的运用价值。

在分析制造业结构软化趋势及其影响因素的基础上提出了制造业结构

软化应当具备的基本特征。综合考虑服务化、高技术、融合化、生态化等基本特征的基础上构建了产业结构软化的指标体系。该指标体系包含两级指标，其中包括 4 个一级指标、16 个二级指标。指标体系的设计具有科学的理论依据，运用该指标体系能够在一定程度上推进不同制造业行业与不同地区制造业结构软化的进程。各项指标具有较强的可操作性，指标易于计算，能够将不同制造业行业结构软化程度量化，从而有利于客观地反映不同制造业行业结构软化状况。有利于对不同制造业行业结构软化程度进行静态与动态、横向与纵向的评价，对不同产业结构软化趋势进行预测。有助于相关部门了解不同制造业行业结构软化的状况，从而制定各种相关政策。构建合理的指标体系也有利于运用各种数据推测方法对不同地区制造业结构软化的发展趋势进行预测，从而在一定程度上把握不同地区制造业结构软化的走向。有助于相关部门制定各种推动不同地区制造业结构软化进程的政策措施。有助于通过考核激励各地区不断加强自身的薄弱环节，推进制造业结构软化的进程。

第四，在分析生产性服务与结构软化对制造业国际竞争力的影响时应充分考虑到制造业内部的行业差异，不能一概而论。

不同性质的制造业行业所需的生产性服务类型有所不同，造成生产性服务软化各类制造业产业途径的差异，从而导致生产性服务提升制造业国际竞争力的行业差异。

首先，生产性服务与结构软化提升制造业国际竞争力存在产业类型差异：批发零售等为终端消费服务的生产性服务提高劳动密集型产业结构软化度从而提升其国际竞争力效果较为明显；金融服务、信息传输、计算机和软件服务等主要为生产过程服务的生产性服务提高资本密集型产业软化度从而提升其国际竞争力的效果较为明显；科学研究服务和为终端消费服务的生产性服务提高技术密集型产业结构软化度从而提升其国际竞争力的效果较为明显。

其次，生产性服务与结构软化提升制造业国际竞争力存在产业成长阶段差异：科学研究与综合技术服务、信息传输、计算机和软件业服务、金融服务、交通运输服务等生产性服务提高成长期产业结构软化度从而提升其国际竞争力效果较为明显；信息传输、计算机和软件服务、交通运输服务、商务服务等生产性服务提高成熟期产业结构软化度从而提升其国际竞争力效果较为明显。

最后，生产性服务与结构软化提升制造业国际竞争力存在产业组织结构类型差异：商务服务、交通运输服务等生产性服务提高竞争性产业结构软化度从而提升其国际竞争力效果较为明显；商务服务提高垄断性产业结构软化度从而提升其国际竞争力效果较为明显。

第五，在分析生产性服务与结构软化提升制造业国际竞争力时应考虑到不同地区之间的差异，地区生产性服务业发展水平、制造业出口结构、制造业各行业国际竞争力等差异导致各地区生产性服务与结构软化提升制造业国际竞争力模式的差异。

东北地区生产性服务提升制造业国际竞争力的策略应包括以下几个方面：集中力量，提升具有国际竞争优势的制造业行业。加大科学研究与综合技术服务、金融服务、交通运输服务、批发零售服务对专用设备制造业、仪器仪表及文化办公用机械制造业、电气机械及器材制造业和交通运输设备制造业的投入。加大批发零售服务、交通运输服务对农副食品加工业、非金属矿物制品业等制造业行业的投入；补短板，改善劣势产业国际竞争力状况。加大金融服务对黑色金属冶炼及压延加工业和有色金属冶炼及压延加工业等国际竞争力较弱的制造业行业的投入。加大科学研究与综合技术服务、金融服务、交通运输、批发零售等生产性服务对医药制造业，通信设备、计算机及其他电子设备制造业的投入；顺应全球制造业发展新趋势，提升本地区战略新兴产业国际竞争力水平。加大科学研究和综合技术服务、金融服务对航空航天产业、新材料产业、高档数控机床等战略新兴产业的投入。

长江三角洲地区生产性服务提升制造业国际竞争力的策略应当包括以下几个方面：进一步提升国际竞争力较强的制造业行业。加大金融服务、商务服务、批发零售服务、交通运输服务对交通运输设备制造业，通信设备、计算机及其他电子设备制造业的投入。加大商务服务、批发零售服务、交通运输服务对纺织业，纺织服装、鞋、帽制造业的投入力度；改善国际竞争力较弱的制造业行业状况。加大金融服务、批发零售服务、交通运输服务对石油加工、炼焦及核燃料加工业，化学原料及化学制品制造业的投入。加大金融服务、商务服务、批发零售服务、交通运输服务对医药制造业、通用设备制造业、专用设备制造业、仪器仪表及文化办公用机械制造业的投入；抓住全球制造业发展新机遇，大力提升本地区战略新兴产业国际竞争力水平，加大金融服务、商务服务对航空航天、通信与计算机技术、生物医药等高新技术产业的投入。

珠江三角洲地区生产性服务提升制造业国际竞争力的策略应包括以下

几个方面：首先，突出地区优势，进一步提升国际竞争优势较强的制造业行业。加大科学研究与综合技术服务、商务服务、交通运输服务、批发零售服务对电气机械及器材制造业，通信设备、计算机及其他电子设备制造业等产业的投入。加大商务服务、交通运输服务、批发零售服务对纺织业，纺织服装、鞋、帽制造业，家具制造业，橡胶和塑料制品业等产业的投入。其次，改善劣势产业状况，加大科学研究与综合技术服务、信息传输、计算机服务和软件服务、商务服务、交通运输服务、批发零售服务对石油加工、炼焦及核燃料加工业，化学原料及化学制品制造业，交通运输设备行业，专用设备行业投入提升其国际竞争力；抢占全球科技未来发展的制高点，提升地区战略新兴产业国际竞争力。加大科学研究与综合技术服务、信息传输、计算机和软件服务、商务服务对新材料、通信与计算机技术、生物医药技术的中间投入。

8.2 研究不足与展望

本书尝试从结构软化的视角入手，多角度、多层次地对生产性服务嵌入与中国制造业国际竞争力的提升进行研究。由于数据及研究能力有限，在进行研究的过程中本书仍然存在一些不足，可作为今后进一步的研究方向。

第一，在制造业结构软化的发展趋势与指标体系分析中，构建的制造业结构软化指标体系有待进一步完善。该指标体系目前包括服务化、高技术化、融合化、生态化四个一级指标，在今后的研究中可以增加一级指标的数量，从更多方面反映制造业结构软化状况，不断丰富制造业结构软化指标体系；本书构建的指标体系目前只包含一级指标和二级指标，没有三级指标，在以后的研究中可以增加下一级指标，使该指标体系能够深入系统地评价制造业结构软化这一现象。

第二，在生产性服务与结构软化提升制造业国际竞争力的行业差异分析部分中，本书从不同产业类型、不同产业成长阶段、不同产业组织结构类型三个角度对制造业行业进行了划分。制造业涉及的具体产业种类较多，本书不同角度下分类的制造业类型仍较为宽泛，不够具体。因而在以后的研究中，应进一步将研究对象深入到更具体的行业，为这些行业利用生产性服务提高自身国际竞争力提供理论和政策支持。

　　第三，在生产性服务与结构软化提升制造业国际竞争力的地区差异分析部分中，本书对比分析了东北地区、长江三角洲地区、珠江三角洲地区生产性服务与结构软化提升制造业国际竞争力的模式差异。然而本书所分析的三个地区地理空间范围较大，没有具体到市、县一级地域的分析，因而研究结论无法直接用于指导市、县地域的经济发展。在今后进一步的研究中，应进一步深入到对市、县等空间范围的研究，为其制定适合当地的生产性服务提升制造业国际竞争力模式提供理论和政策设计方面的支持。

参考文献

［1］迈克尔·波特：《竞争优势》，华夏出版社 1997 年版。

［2］亚当·斯密：《国民财富的性质和原因的研究》，商务印书馆 2010 年版。

［3］大卫·李嘉图：《政治经济学及赋税原理》，华夏出版社 2013 年版。

［4］伯特尔·俄林：《区际贸易与国际贸易》，华夏出版社 2008 年版。

［5］张伯伦：《垄断竞争理论》，华夏出版社 2013 年版。

［6］罗伯特·M. 索罗：《增长理论》，中国财政经济出版社 2004 年版。

［7］西奥多·W. 舒尔茨：《人力投资》，华夏出版社 1990 年版。

［8］彼德·J. 巴克利、马克·卡森：《跨国公司的未来》，中国金融出版社 2005 年版。

［9］白清：《生产性服务业促进制造业升级的机制分析——基于全球价值链视角》，载《财经问题研究》2015 年第 4 期。

［10］毕斗斗：《生产服务业发展研究》，经济科学出版社 2009 年版。

［11］蔡昉：《未来的人口红利——中国经济增长的源泉》，载《中国人口科学》2009 年第 1 期。

［12］程池超、孙江明：《中日制造业国际竞争力的比较分析》，载《世界经济与政治论坛》2006 年第 4 期。

［13］程惠芳等：《国家创新体系对企业国际竞争力影响的经验分析》，载《世界经济》2008 年第 1 期。

［14］程惠芳等：《创新与企业国际竞争力》，科学出版社 2010 年版。

［15］程大中：《中国生产性服务业的水平、结构及影响——基于投入—产出法的国际比较研究》，载《经济研究》2008 年第 1 期。

［16］程大中：《生产者服务论——兼论中国服务业发展与开放》，文汇出版社 2006 年版。

［17］陈爱贞、刘志彪：《决定我国装备制造业在全球价值链中地位的因素——基于各细分行业投入产出实证分析》，载《国际贸易问题》

2011 年第 4 期。

[18] 陈保启、李为人：《生产性服务业的发展与我国经济增长方式的转变》，载《中国社会科学院研究生院学报》2006 年第 6 期。

[19] 陈迪、吕杰：《中国花生产业国际竞争力评价研究》，载《财经问题研究》2013 年第 1 期。

[20] 陈立敏、王璇、饶思源：《中美制造业国际竞争力比较：基于产业竞争力层次观点的实证分析》，载《中国工业经济》2009 年第 6 期。

[21] 陈晓涛：《产业结构软化的演进分析》，载《经济管理》2006 年第 1 期。

[22] 陈明、冉斌：《我国生产性服务业发展的机遇、问题及对策》，载《经济纵横》2015 年第 4 期。

[23] 陈卫平：《农业国际竞争力影响因素分析》，载《江西社会科学》2002 年第 7 期。

[24] 曹桂珍：《我国制造业国际竞争力影响因素分析》，载《金融与经济》2010 年第 2 期。

[25] 崔纯：《中国生产性服务业促进装备制造业发展研究》，辽宁大学，2013 年。

[26] 杜庆华：《产业集聚与国际竞争力的实证分析——基于中国制造业的面板数据研究》，载《国际贸易问题》2010 年第 6 期。

[27] 杜伟：《企业技术创新激励制度论》，四川大学，2002 年。

[28] 狄昂照、吴明录、韩松、李正平：《国际竞争力》，改革出版社1992 年版。

[29] 樊纲：《中国企业的竞争力来自哪里?》，载《中国商办工业》2001 年第 1 期。

[30] 傅家骥、雷家骕：《经济改革成功的基本标志：企业主动追求技术创新》，载《价值工程》1995 年第 6 期。

[31] 冯泰文：《生产性服务业的发展对制造业效率的影响——以交易成本和制造成本为中介变量》，载《数量经济技术经济研究》2009 年第 3 期。

[32] 顾乃华、毕斗斗、任旺兵：《中国转型期生产性服务业发展与制造业竞争力关系研究》，载《中国工业经济》2006 年第 9 期。

[33] 高觉民、李晓慧：《生产性服务业与制造业的互动机理：理论与实证》，载《中国工业经济》2011 年第 6 期。

[34] 高传胜、李善同：《中国生产者服务：内容、发展与结构——基于中国 1987～2002 年投入产出表的分析》，载《现代经济探讨》2007年第 8 期。

[35] 高茜：《世界产业结构变化趋势及启示》，载《中央财经大学学报》1999 年第 8 期。

[36] 龚艳萍、屈宁华：《技术创新能力对中国高技术产业国际竞争力影响的实证研究》，载《技术经济》2008 年第 4 期。

[37] 胡昭玲：《中国服务业国际竞争力现状与提升对策分析》，载《国际贸易问题》2006 年第 7 期。

[38] 韩德超、张建华：《中国生产性服务业发展的影响因素研究》，载《管理科学》2008 年第 6 期。

[39] 金碚：《产业国际竞争力研究》，载《经济研究》1996 年第 11 期。

[40] 金碚等：《中国工业国际竞争力报告》，载《管理世界》1997年第 4 期。

[41] 金碚：《全球竞争新格局与中国产业发展趋势》，载《中国工业经济》2012 年第 5 期。

[42] 江静、刘志彪：《生产性服务发展与制造业在全球价值链中的升级——以长三角地区为例》，载《南方经济》2009 年第 10 期。

[43] 江静、刘志彪、于明超：《生产者服务业发展与制造业效率提升：基于地区和行业面板数据的经验分析》，载《世界经济》2007 年第 8 期。

[44] 姜长云：《促进我国生产性服务业发展的对策选择》，载《经济与管理研究》2007 年第 5 期。

[45] 井志忠、耿得科：《日本产业结构软化轮》，载《现代日本经济》2007 年第 6 期。

[46] 贾俐俐：《全球价值链分工下中国产业国际竞争力研究——基于国际贸易的视角》，中共中央党校，2008 年。

[47] 鞠建东、余心玎：《全球价值链上的中国角色——基于中国行业上游度和海关数据的研究》，载《南开经济研究》2014 年第 3 期。

[48] 李江帆、蓝文妍、朱胜勇：《第三产业生产服务：概念与趋势分析》，载《经济学家》2014 年第 1 期。

[49] 李冠霖：《第三产业投入产出分析——从投入产出角度看第三产业的产业关联与产业波及特性》，中国物价出版社 2002 年版。

[50] 李健骆：《论产业结构软化》，载《北京理工大学学报》1999

年第 4 期。

［51］李勤昌、昌敏：《提升中国棉花产业国际竞争力的路径选择》，载《国际贸易问题》2011 年第 10 期。

［52］李盛竹、叶子荣：《我国企业技术自主创新的效率与研究战略》，载《科技管理研究》2009 年第 9 期。

［53］李晓波、辜秋琴：《我国企业技术创新投入机制的优化策略分析》，载《西南民族大学学报》2008 年第 5 期。

［54］吕正：《中国生产性服务业发展的战略选择——基于产业互动的研究视角》，载《中国工业经济》2006 年第 8 期。

［55］林珊、江天涌、张会：《转型升级背景下中国生产性服务业发展对策研究》，载《亚太经济》2012 年第 6 期。

［56］刘重：《现代生产性服务业与经济增长》，载《天津社会科学》2006 年第 2 期。

［57］刘芳、王琛、何忠伟：《中国蔬菜产业国际市场竞争力的实证研究》，载《农业经济问题》2011 年第 7 期。

［58］刘克逸：《人力资本与我国产业国际竞争力的提高》，载《复旦学报》2002 年第 3 期。

［59］刘丽萍：《基于空间模型的生产性服务业集聚与经济增长关系研究》，载《审计与经济研究》2013 年第 6 期。

［60］刘林青、谭力文：《产业国际竞争力的二维评价——全球价值链下的思考》，载《中国工业经济》2006 年第 12 期。

［61］刘军：《传统产业高技术化的生态运行机理理论与实证研究》，载《经济管理》2007 年第 4 期。

［62］刘维林、李兰冰、刘玉海：《全球价值链嵌入对中国出口技术复杂度的影响》，载《中国工业经济》2014 年第 6 期。

［63］刘叶云：《我国企业国际竞争力评价指标体系构建及测度方法研究》，载《中国软科学》2003 年第 7 期。

［64］刘志彪、张杰：《全球代工体系下发展中国家俘获型网络的形成、突破与对策——基于 GVC 与 NVC 的比较视角》，载《中国工业经济》2007 年第 5 期。

［65］陆小成：《生产性服务业与制造业融合的知识链模型研究》，载《情报杂志》2009 年第 2 期。

［66］罗勇、曹丽莉：《全球价值链视角下我国产业集群升级的思

路》，载《国际贸易问题》2008 年第 11 期。

［67］路红艳：《生产性服务与制造业结构升级——基于产业互动、融合的视角》，载《财贸经济》2009 年第 9 期。

［68］栾立明、郭庆海：《中国大豆产业国际竞争力现状与途径提升》，载《农业经济问题》2010 年第 2 期。

［69］迈克尔·波特，陈小悦译：《竞争优势》，华夏出版社 1997 年版。

［70］马云泽：《世界产业结构软化趋势探析》，载《当代经济科学》2003 年第 6 期。

［71］马云泽、吕磊：《高新技术产业化与产业结构软化升级》，载《商丘职业技术学院学报》2006 年第 1 期。

［72］马丹：《人民币实际汇率与中国国际竞争力问题研究》，复旦大学，2006 年。

［73］聂玲、李三妹：《制造业全球价值链利益分配与中国的竞争力研究》，载《国际贸易问题》2014 年第 12 期。

［74］聂平平：《提升中国制造业国际竞争力的战略思考》，载《企业经济》2004 年第 9 期。

［75］裴长洪、彭磊：《中国服务业与服务贸易》，社会科学文献出版社 2008 年版。

［76］裴长洪、彭磊：《试论国际竞争力的理论概念与分析方法》，载《中国工业经济》2002 年第 4 期。

［77］邱晓兰、余建辉、戴永务：《造纸产业国际竞争力影响因素分析》，载《经济问题》2015 年第 7 期。

［78］秦臻、倪艳：《中国航空航天器制造业国际竞争力的实证测度》，载《世界经济研究》2006 年第 6 期。

［79］綦良群、蔡渊渊、王成东：《我国装备制造业与生产性服务业互动作用及效率评价研究》，载《中国科技论坛》2015 年第 1 期。

［80］任重、周云波：《垄断对中国行业收入差距的影响到底有多大?》，载《经济理论与经济管理》2009 年第 4 期。

［81］任旺兵、刘中显：《我国制造业发展转型期生产性服务业发展问题》，中国计划出版社 2008 年版。

［82］孙冰：《企业技术创新动力研究》，哈尔滨工程大学，2003 年。

［83］施祥正、吴进红：《产业结构软化对贸易结构的影响及对策分析》，载《求索》2006 年第 9 期。

[84] 盛斌:《中国对外贸易政策的政治经济分析》,上海人民出版社 2002 年版。

[85] 唐国兴、段杰:《生产性服务业和制造业互动发展分析》,载《山西财经大学学报》2009 年第 1 期。

[86] 陶锋、李诗田:《全球价值链代工过程中的产品开发知识溢出和学习效应》,载《管理世界》2008 年第 1 期。

[87] 陶峰、李霆、陈和:《基于全球价值链知识溢出效应的代工制造业升级模式——以电子信息制造业为例》,载《科学学与科学技术管理》2011 年第 6 期。

[88] 谭晶荣、王逸芬:《我国小家电产品的国际竞争力分析》,载《国际贸易问题》2007 年第 1 期。

[89] 卫迎春、李凯:《我国制造业国际市场竞争力的发展趋势及其决定因素的实证分析》,载《国际贸易问题》2010 年第 3 期。

[90] 王保伦、路红艳:《生产性服务业与地区产业竞争力的提升》,载《经济问题探索》2007 年第 7 期。

[91] 王成东:《我国装备制造业与生产性服务业融合机理及保障策略研究》,哈尔滨工业大学,2014 年。

[92] 王玉燕、林汉川、吕臣:《GVC 嵌入的技术进步效应——来自中国工业面板数据的经验研究》,载《中国工业经济》2014 年第 9 期。

[93] 王岚:《GVC 分工背景下的附加值贸易:框架、测度和应用》,载《经济评论》2013 年第 3 期。

[94] 王岚:《中国制造业融入全球价值链路经研究——嵌入位置和增值能力的视角》,载《中国工业经济》2015 年第 2 期。

[95] 王国顺、谢桦:《电子及通信设备制造业 R&D 能力与国际竞争力关系研究》,载《系统工程》2005 年第 3 期。

[96] 王其藩、李宇宏、张淼、张显东:《我国钢铁行业竞争力的国际比较及发展战略》,载《财经问题》2000 年第 7 期。

[97] 王生辉、孙国辉:《全球价值链体系中的代工企业组织学习与产业升级》,载《经济管理》2009 年第 8 期。

[98] 王煊:《我国生产性服务业发展的需求分析与对策》,载《中南论坛:综合版》2007 年第 4 期。

[99] 王瑞:《我国生产性服务业发展过程、问题与对策研究》,载《对外经济贸易大学学报》2011 年第 1 期。

［100］王然：《中部地区农业产业结构软化的度量与分析》，载《统计与决策》2013 年第 1 期。

［101］王菊芳、梁俊：《关于知识经济与我国产业结构调整的思考》，载《川北教育学院学报》2000 年第 11 期。

［102］王家庭、王璇：《中国制造业发展的现实反思及其国际竞争力研究》，载《经济问题探索》2011 年第 7 期。

［103］王玉燕、林汉川、吕臣：《全球价值链嵌入的技术进步效应——来自中国工业面板数据的经验研究》，载《中国工业经济》2014 年第 9 期。

［104］吴解生：《论中国企业的全球价值链"低环嵌入"与"链节提升"》，载《国际贸易问题》2007 年第 5 期。

［105］徐宁、皮建才、刘志彪：《全球价值链还是国内价值链——中国代工企业的链条选择机制研究》，载《经济理论与经济管理》2014 年第 1 期。

［106］袁奇、刘崇仪：《美国产业结构变动与服务业的发展》，载《世界经济研究》2007 年第 2 期。

［107］于学军：《中国人口转变与"战略机遇期"》，载《中国人口科学》2003 年第 1 期。

［108］余红胜：《国有企业国际竞争力研究》，厦门大学，2002 年。

［109］余晶：《制造业与生产性服务业互动效率的测度研究——基于投入产出关联》，复旦大学，2013 年。

［110］杨丹萍、毛江楠：《产业集聚与对外贸易国际竞争力的相关性研究——基于中国 15 个制造业变系数面板数据的实证分析》，载《国际贸易问题》2011 年第 1 期。

［111］杨金玲：《我国纺织品服装产业国际竞争力的实证分析》，载《国际贸易问题》2008 年第 9 期。

［112］杨玉瑛：《我国生产性服务业影响因素与效应研究》，吉林大学，2010 年。

［113］杨再惠：《提高我国体育用品业国际竞争力的对策研究》，载《体育科学》2005 年第 8 期。

［114］姚晓芳、张仁华、侯瑞武：《基于主成分分析的合肥市装备制造业竞争力评价和对策研究》，载《中国科技论坛》2010 年第 9 期。

［115］严伟良：《国际竞争力及其要素分析》，载《上海综合经济》2005 年第 5 期。

[116] 张辉：《全球价值链动力机制与产业发展策略》，载《中国工业经济》2006 年第 1 期。

[117] 张金昌：《用出口数据评价国际竞争力的方法研究》，载《经济管理》2001 年第 20 期。

[118] 张淑荣、李广、刘稳：《我国大豆产业的国际竞争力实证研究与影响因素分析》，载《国际贸易问题》2007 年第 5 期。

[119] 张少军、刘志彪：《国内价值链是否对接了全球价值链——基于联立方程模型的经验分析》，载《国际贸易问题》2013 年第 2 期。

[120] 张小蒂、朱勤：《论全球价值链中我国企业创新与市场势力构建的良性互动》，载《中国工业经济》2007 年第 5 期。

[121] 张亚斌、刘靓君：《生产性服务业对我国经济增长的影响研究——基于东、中、西部面板数据的实证分析》，载《世界经济与政治论坛》2008 年第 4 期。

[122] 朱胜勇：《发达国家生产性服务业发展的影响因素——基于 OECD 国家生产性服务业的分析》，载《城市问题》2009 年第 7 期。

[123] 朱玲、陈永华：《产业结构软化对区域经济发展的影响》，载《江苏商论》2008 年第 12 期。

[124] 祝新：《生产性服务业发展与区域经济增长》，华中科技大学，2011 年。

[125] 周及真：《生产性服务业的产业关联和产业波及研究——以工业化进程中的中美印为例》，上海社会科学院，2013 年。

[126] 周鹏、余珊萍、韩剑：《生产性服务业与制造业价值链升级间相关性的研究》，载《上海经济研究》2010 年第 9 期。

[127] 周星、付英：《产业国际竞争力评价指标体系探究》，载《科研管理》2000 年第 3 期。

[128] 郑吉昌：《生产性服务业与现代经济增长》，载《浙江树人大学学报》2005 年第 1 期。

[129] 钟韵、闫小培：《西方地理学界关于生产性服务业作用研究评述》，载《人文地理》2005 年第 3 期。

[130] 朱建国、苏涛、王骏冀：《产业国际竞争力内涵初探》，载《世界经济文汇》2001 年第 1 期。

[131] 章家清、朱艳：《中国葡萄酒产业国际竞争力实证研究》，载《对外经济贸易大学学报》2013 年第 6 期。

[132] Araugo L, Spring M. Services, Products, and the Institutional Structure of Production [J]. *Industrial Marketing Management*, 2006, 7: 797 – 805.

[133] Browning H L, Singelmann J. The Emergence of a Service Society: Demographic and Sociological Aspects of the Sectoral Transformation of the labor Force in the USA [J]. *Springfield, Va: National Technical Informational Service*, 1975: 15 – 32.

[134] Brander J, Spencer B. Export Subsidies and International Market Share Rivalry [J]. *Journal of International Economics*, 1985, 18 (1 – 2): 83 – 100.

[135] Bailly A S. Producer Services Research in Europe [J]. *Professional Geographer*, 1995, 47: 70 – 74.

[136] Bhagwati J N. Splintering and Disembodiment of Services and Developing Nations [J]. *The World Economy*, 1984, 7: 133 – 143.

[137] Coffer W J. The Geographies of Producer Services [J]. *Urban Geography*, 2000, 21 (2): 170 – 183.

[138] Coffey W J, Bailly A S. Producer Services and Flexible Production: An Exploratory Analysis [J]. *Growth and Change*, 1991, 22 (4): 95 – 117.

[139] Cohen S, Zysman J. *Manufacturing Matters: The Myth of the Post-Industrial Economy* [M]. New York: Basic Books, 1987.

[140] Daniels P W. Economic Development and Producer Services Growth: The APEC Experience [J]. *Asia Pacific Viewpoint*, 1998, 39 (2): 145 – 159.

[141] Daniels P W. Some Perspectives on the Geography of Services [J]. *Progress in Human Geography*, 1989, 13: 427 – 437.

[142] Daniels P W. Producer Services Research in the United-Kingdom [J]. *Professional Geographer*, 1995, 47 (1): 82 – 87.

[143] Deardorff A. International Provision of Trade Services, Trade, and Fragmentation [J]. *Review of International Economics*, 2001, 9 (2): 233 – 248.

[144] Eswaran M, Kotwal A. The Role of Service in the Process of Industrialization [J]. *Journal of Development Economics*, 2002, 68 (2): 401 – 420.

[145] Francois J F. Producer Services, Scale and the Division of Labor [J]. *Oxford Ecomomic Papers*, 1990, 42 (4): 715 – 729.

[146] Francois J F, Woerz J. Producer Services, Manufacturing Linkages, and Trade [J]. *Journal of Industry, Competition and Trade*, 2008, 8 (3 – 4): 1566 – 1679.

[147] Greenfield H I. *Manpower and the Growth of Producer Services* [M]. New York: University Press, 1966.

[148] Goe WR. The Growth of Producer Services Industries: Sorting Through the Externalization Debate [J]. *Growth and Change*, 1991, 22 (4): 118 – 141.

[149] Grubel H, Walker M. Service and the Changing Economic Structure [J]. *Service in World Economic Growth Symposium Institute*, 1988: 55 – 56.

[150] Guerrieri P, Meliciani V. Technology and International Competitiveness: The Interdependence Between Manufacturing and Producer Services [J]. *Structural Change and Economic Dynamics*, 2005, 16 (4): 489 – 502.

[151] Howells J, Green A. Location, Technology and Industrial Organization in the UK Services [J]. *Progress in Planning*, 1986: 83 – 183.

[152] Hodge J, Nordas H. Liberalization of Trade in Producer Services-the Impact on Develpoment Countries [J]. *The South African Journal of Economics*, 2001, 69 (1): 23 – 36.

[153] Hansen N. Do Producer Services induce Regional Economic Development? [J]. *Journal of Regional Science*, 1990, 30 (4): 465 – 476.

[154] Harrington J W, Campbell H S. The Suburbanization of Producer Service Employment. [J]. *Growth and Change*, 1997, 28 (3): 335 – 359.

[155] Harrington J W. Producer Services Research in US Regional Studies [J]. *The Professional Geographer*, 1995, 47: 87 – 96.

[156] Illeris S. Producer Services: The Key Sector For Future Economic Development [J]. *Entrepreneurship and Regional Development*, 1989, 1 (3): 267 – 274.

[157] Koopman, R. , W. Powers, Z. Wang, S. – J. Wei. Give Credit to Where Credit is Due: Tracing Value Added in Global Production [J]. *NBER Working Paper* No. 16426, 2010.

[158] Juleff L E. Advanced Producer Services: Just a Service to Manufacturing? [J]. *The Service Industries Journal*, 1996, 16 (3): 389 – 400.

[159] lundquist KJ, Olander LO, Henning MS. Producer Services: Growth and Roles in long-term Economic Development [J]. *The Service Industries Journal*, 2008, 28 (4): 463 – 477.

[160] Marshall J, Wood P. Uuderstanding the location Role of Producer

Service in the United Kingdom [J]. *Environment and Planning* A, 1987, 19 (5): 575 –595.

[161] Markusen J. Trade in Producer Services and in Other Specialized Inter-mediate Inputs [J]. *American Economic Review*, 1989, 79 (1): 85 –95.

[162] Macpherson A. The Role of Producer Service Outsourcing in the Innovation Performance of New York State Manufacturing Firms [J]. *Annals of the Association of Americam Geographers*, 1997, 87 (1): 52 –71.

[163] Noyell T, Stanback T. The Economic Transformation of American Cities [J]. *Policy Analysis and Management*, 1985, 4 (2): 304 –305.

[164] Oral M, Ozkan AQ. An Empirical Study on Measuring Industrial Competitiveness [J]. *Jounral of the Operational Research Society*, 1986, 37 (4): 345 –356.

[165] Paolo G, Valentina M. Technology and International Competitiveness: The Interdependence Between Manufacturing and Producer Services [J]. *Structure Change and Economic Dynamics*, 2005, 16 (2): 480 –502.

[166] Porter M E. *The Comparative Advantage of Nations* [M]. New York: Free Press, 1990.

[167] Porter M E. Clusters and New Economics of Competition [J]. *Harvard Business Review*, 1998, 11: 77 –91.

[168] Park S H, Chan KS. A Cross-country Input-output Analysis of Intersectoral Relationships Bewteen Manufacturing and Service and Their Employment Implications [J]. *World Development*, 1989, 17: 199 –212.

[169] Park S H. Intersectoral Relationships Between Manufacturing and Services: New Evidence From Selected Pacific Basin Countries [J]. *ASEAN Economic Bulletin*, 1994, 10: 245 –263.

[170] Perry M. Business Service Specialization and Regional Economic Change [J]. *Regional Studies*, 1989, 24 (3): 195 –209.

[171] Preissl B. The German Service Gap or Re-organizing the Manufacturing-Services Puzzle [J]. *Metro economical*, 2007, 58 (3): 457 –478.

[172] Raff H, Ruhr M. Foreign Direct Investment in Producer Service: Theory and Empirical Evidence [J]. *Applied Economics Quarterly*, 2007, 53 (3): 299 –321.

[173] Tschetter J. Producer Services Industries: Why Are They Growing

So Rapidly? [J]. *Monthly Labor Review*, 1987, 12: 31 – 40.

[174] Tien J M. Manufacturing and Services: From Mass Production to Mass Customization [J]. *Journal of Systems Science and System Engineering*, 2011, 20 (2): 129 – 154.

[175] Shearmur R, Doloreux D. Urban Hierarchy or local Buzz? High-order Producer Service and (or) Knowledge-Intensive Business Service Location in Canada, 1991 – 2001 [J]. *The Profession Geographer*, 2008, 60 (3): 333 – 355.

[176] Stull W, Madden J. *Post-Industrial Philadelphia: Structural Changes in the Metropolitan Economy* [M]. Philadelphia: University of Pennsylvania Press, 1990.

[177] Stare M. Determinants of Producer of Producer Services Development in Slovenia [J]. *Eastern European Economics*, 1999, 37 (4): 54 – 70.

[178] Shugan SM. *Explanations for the Growth of Services in Rust RT, Oliver RT, Editors Service Duanlity: New Direction in Theory and Practice Thousand Oaks* [M]. CA: Sage Publication, 1994.

[179] Vernon R. International Investment and International Trade in the Product Cycle [J]. *The Quarterly Journal of Economics*, 1966, 80 (2): 190 – 207.

[180] Vandermerve S S, Rada J. Servitization of Business: Adding Value by Adding Service [J]. *European Management Journal*, 1988, 6: 314 – 324.

[181] Wolfmayr Y. Producer Services and Competitiveness of Manufacturing Exports [J]. *FIW Research Reports*, 2008.